和谐校园文化建设读本

中学生安全常识12讲

陈宏宇/编著

吉林出版集团股份有限公司

吉林教育出版社

图书在版编目(CIP)数据

中学生安全常识 12 讲 / 陈宏宇编著. — 长春:吉
林教育出版社,2012.6(2022.10重印)
(和谐校园文化建设读本)
ISBN 978 - 7 - 5383 - 8960 - 9

Ⅰ. ①中… Ⅱ. ①陈… Ⅲ. ①安全教育—中学—课外
读物 Ⅳ. ①G634.203

中国版本图书馆 CIP 数据核字(2012)第 116130 号

中学生安全常识 12 讲
ZHONGXUESHENG ANQUAN CHANGSHI 12 JIANG

陈宏宇　编著

策划编辑	刘　军　　潘宏竹		
责任编辑	张　瑜	装帧设计	王洪义

出版　吉林出版集团股份有限公司(长春市福祉大路5788号　邮编　130118)
　　　吉林教育出版社(长春市同志街1991号　邮编　130021)
发行　吉林教育出版社
印刷　北京一鑫印务有限责任公司
开本　710 毫米×1000 毫米　1/16　　印张　13　　字数　165千字
版次　2012 年 6 月第 1 版　　印次　2022 年 10 月第 2 次印刷
书号　ISBN 978 - 7 - 5383 - 8960 - 9
定价　39.80 元

编　委　会

主　　编：王世斌

执行主编：王保华

编委会成员：尹英俊　尹曾花　付晓霞

　　　　　　刘　军　刘桂琴　刘　静

　　　　　　张　瑜　庞　博　姜　磊

　　　　　　潘宏竹

　　　　　　（按姓氏笔画排序）

总 序

千秋基业，教育为本；源浚流畅，本固枝荣。

什么是校园文化？所谓"文化"是人类所创造的精神财富的总和，如文学、艺术、教育、科学等。而"校园文化"是人类所创造的一切精神财富在校园中的集中体现。"和谐校园文化建设"，贵在和谐，重在建设。

建设和谐的校园文化，就是要改变僵化死板的教学模式，要引导学生走出教室，走进自然，了解社会，感悟人生，逐步读懂人生、自然、社会这三本大书。

深化教育改革，加快教育发展，构建和谐校园文化，"路漫漫其修远兮"，奋斗正未有穷期。和谐校园文化建设的研究课题重大，意义重要，内涵丰富，是教育工作的一个永恒主题。和谐校园文化建设的实施方向正确，重点突出，是教育思想的根本转变和教育运行机制的全面更新。

我们出版的这套《和谐校园文化建设读本》，既有理论上的阐释，又有实践中的总结；既有学科领域的有益探索，又有教学管理方面的经验提炼；既有声情并茂的童年感悟；又有惟妙惟肖的机智幽默；既有古代哲人的至理名言，又有现代大师的谆谆教诲；既有自然科学各个领域的有趣知识；又有社会科学各个方面的启迪与感悟。笔触所及，涵盖了家庭教育、学校教育和社会教育的各个侧面以及教育教学工作的各个环节，全书立意深邃，观念新异，内容翔实，切合实际。

我们深信：广大中小学师生经过不平凡的奋斗历程，必将沐浴着时代的春风，吸吮着改革的甘露，认真地总结过去，正确地审视现在，科学地规划未来，以崭新的姿态向和谐校园文化建设的更高目标迈进。

让和谐校园文化之花灿然怒放！

本书编委会

目 录

第一讲　安全教育概述

第一节　安全教育的意义

青少年的生命安全和健康成长,涉及亿万家庭的幸福和正常教育、教学活动的开展、实施。保障青少年的安全,不光是家庭和教育工作的职责,也是我们自身的责任。

一、接受安全教育有利于自身的健康成长

青少年是祖国的未来建设者,是中国特色社会主义事业的接班人。作为一个特殊的群体,中学生的人生观、世界观、价值观、是非观尚未完全形成。在当今社会背景下一些成年人的价值观扭曲,拜金主义、享乐主义、极端个人主义给中学生造成了负面影响。中学生安全意识薄弱,部分学生行为失范,导致安全事故和违法犯罪案件居高不下,这已成为全社会关注的一个突出问题。因此接受安全教育对于青少年自身的健康成长意义非常重大。

二、接受安全教育有利于社会环境的净化

青少年是阳光、雨露、花朵,是家长的希望,是老师的骄傲,更是祖国的未来。为此,社会、学校和家庭要关心、关注青少年的成长,为青少年的成长营造一个良好的学习、生活环境。

1. 健康信息的传播和接受

当今的中国社会多姿多彩,国家经济高速发展,社会财富积累可观,大多数家庭富裕程度明显提高,综合国力明显增强,电视、电脑、互联网已进入寻常百姓家。这些信息媒体给我们带来丰富的精神文化享受的

同时,也把一些不健康的东西带了进来。

因此,无论是社会还是学校,在对学生进行生理和心理知识教育的同时,要引导学生有选择性地接受外部信息,从而提高自身抗"病"能力。学校和各级各部门,会治理好学校内部和周围社会治安,加强校园的安全保卫工作,为学生开办有益的活动场所,坚决打击危害青少年学生健康成长的不法行为,切实保证学生有一个安静、和谐、健康的学习环境。

2. 良好书籍的选择和阅读

有人说:"书犹药也,善读之可以医愚。"但是,不加选择地阅读书籍,不仅不能"治病",还能"致病"。因此,在为青少年提供良好的阅读书籍同时,作为教师,还会指导青少年学生有选择性地阅读书籍,从而提高他们的自我选择和判断能力,达到净化社会环境的作用。

我国有许多古典文学和现代作品都有引导学生积极向上的作用,因此,教师指导学生合理地选择读书,有利于增强学生抗"病"能力。同时,社会各部门也会对在校青少年经常出入的书店、书摊等加强管理,坚决取缔不法行为。大力开辟社区、学校的阅读空间,组织各种读书活动,净化青少年"学习小天地",让真正的"书香"弥漫在学生们的身边。

昔日"孟母三迁",就是为了给孩子创造做人的良好环境。因此,强调社会环境的影响和教育,对未成年人能否健康成长起着至关重要的作用。为了让孩子们健康成长为热爱祖国、热爱民族、有建设祖国能力的人才,社会成员都要为优化未成年人成长的社会环境争做表率,争做贡献,从而使社会得到净化。

第二节　中学生接受安全教育的重要性

随着社会经济的发展,学校面临复杂的社会环境,校园社会化趋势日益明显,各种商业性质的商店、饭店、网吧等遍布校园内及周边地区,校园逐渐成为一个开放的教育园区。这使得中学生的安全环境也在发生着深刻的变化:一方面,校园日益暴露在社会环境之中,一些不健康因素与恶习流入校园,使校园环境不安全因素日益增多,学生与社会接触频繁,增加了不安全事故发生的概率;另一方面,一些中学生法律和安全知识缺乏,对社会安全问题认识不全面,自我保护意识差,不安全因素时刻都在危及他们的人身和财产安全。因此,中学生接受安全教育、掌握安全知识十分必要。

从中学生的成长过程来看,他们从小在父母等亲人的呵护中长大,没有接受过系统的安全知识教育,缺少必要的安全知识,对社会安全问题认识不透彻;从中学生自身能力上看,他们依赖性比较强,缺乏解决各种复杂问题和矛盾的能力,社会阅历浅,承受能力差,自我保护意识差。如果他们不接受安全方面的知识和能力的培养,就很可能在未来的职业生涯中遇到重重困难,从而最终导致遭受挫折,在漫长的人生道路上留下遗憾。

从中学生现状来看,一方面,受成长过程和社会环境不良风气影响,少数中学生私欲过度膨胀,甚者不惜以身试法,这些不仅使他们自己处于不安因素的笼罩中,随时会陷入欲望的陷阱中不能自拔,而且也会使他人的安全受到威胁,增加社会不安因素而引发个人或者社会危机爆发的几率。中学生是社会的一个特殊群体,但是近年来中学生犯罪的报道频现各类媒体,且犯罪案件及人数逐年上升,犯罪类型也逐步走向多样化和智能化。一些被人们视为高智商、高素质、高层次的中学生因触犯刑律而锒铛入狱,不仅使父母、师长蒙羞,还断送了自己的前程。另一方面,中学生缺乏必要的法律和安全知识,对社会规范知之甚少,对不安全因素的防范意识差,这些都给犯罪分子对中学生实施犯罪以可乘之机。

第三节　中学生的安全意识

随着改革开放的不断深入,校园对社会的开放程度越来越高。中学生所面临的各种不安全因素在逐年增多,中学生受到的非法侵害案件和有关中学生的安全事故数目也在逐年上升。如果中学生因为安全问题出现意外,不仅个人的学业、身心健康、财物受到影响,而且会给家庭带来不安和痛苦。因此,中学生在校期间,要认真学习安全知识,树立安全意识,增强自我保护能力,做到居安思危、思则有备、备则无患。

一、中学生应树立的安全意识

1. 遵纪守法和文明修身的意识

中学生要树立安全意识、安全观念,首先是加强自身修养和提高法律意识,要学法、懂法、用法;其次是强化文明修身的意识,提高自己的道德素质,避免因自身的素质问题陷入冲突之中,使自身受到不安全因素的威胁。

2. 对安全形势认知的意识

安全隐患早知道,就是要对社会安全形势有一个全面的认知。虽然当前社会安全形势总体上基本稳定,校园安全状况要好于社会整体水平,但随着经济发展和社会的不断转型,中学生所处的安全环境也在发生变化,面临的安全形势应引起重视,学生自身更应树立对安全形势有正确认知的意识。

3. 自我防范的意识

当前社会治安形势总体稳定,但也不可避免地在某些局部领域还存在许多不安全因素,这就要求中学生树立自我防范意识,对安全隐患要早有心理准备,早预案,做好自我保护,尽量避免不安全因素对自身的伤害。

4. 面对突发事件应变的意识

不安全事故的发生有些是没有预兆的,这就要求中学生要有面对突发事件应变的意识。这方面意识的培养,有利于中学生在面对突发事件的时候在最短的时间内作出判断,第一时间采取措施帮助自己和别人脱离危险,而不是因害怕、应变能力不够丧失了逃生和减少损失的机会。这方面的意识,需要在平时注重加强相关安全知识储备以及应变能力的培养。

5. 维护国家安全的意识

公民有维护国家安全的责任和义务,中学生作为国家未来的建设者和可靠接班人更要有这种意识,要保持高度警惕,对国家秘密严格保守,维护好国家安全,不透露任何涉及国家安全的信息,在面对危害国家安全的行为时要勇于承担责任和义务,坚决制止,及时揭露,用智慧保护国家安全。

6. 自我调节能力培养的意识

挫折是中学生成长过程中不可避免的问题,中学生要正确看待挫折,要具备积极应对挫折的心理意识。首先要树立正确的人生观、价值观,培养责任意识,学会冷静、辩证分析问题,克服困难;其次,要培养健康的心理品质和心理承受能力,自我调整心态,克服心理障碍,避免情绪极端化。

二、中学生如何提高安全意识

1. 培养和加强守法公民意识

据有关职能部门统计,青少年犯罪案件近年来不断上升,在校学生犯罪和青少年犯罪成为社会和舆论关注的焦点。虽然在校学生走上犯罪道路的是极少数,但却日益成为一个严重的社会问题,引起了人们的关注。

因此,培养青少年学生自觉遵纪守法是全社会的共同责任。为此,教育系统各部门要组织学生认真学习相关法律法规,让学生自觉遵守、严格执行各项规章制度,用这些规章制度规范自己的言行,学会自我管理。

2. 学习和掌握更多的安全防范知识和技巧进行自我救助

有关专家认为,通过教育和预防,80％的学生意外伤害事故是可以避免的。对学生进行自护自救的安全教育是非常必要的。随着经济的发展和社会的进步,学生的活动领域越来越宽,接触的事物越来越多。在日常生活中,人们从事的各种活动,如出行、集会、旅游、体育锻炼等,都有可能潜伏各种不安全的因素,而青少年应付各种异常情况的能力是极其有限的。另外社会治安中仍存在一些问题需要解决，社会上还存在着违法犯罪现象，学生遭到不法分子侵害或滋扰的情况也时有发生。还有自然灾害（例如地震、洪水、风暴等）、人为灾害（例如火灾、重大交通事故等）等，同样会对学生的健康成长构成威胁。

安全教育是生命教育，是公众教育，仅仅依靠社会、学校、家长对学生进行保护是不够的，重要的是学生树立自护自救观念，形成自护自救意识，掌握自护自救知识，锻炼自护自救能力，使其能够果断地进行自护自救，机智勇敢地处置遇到的各种异常情况或危险。

3. 学会用法律武器保护自己和他人

一段时间以来，各类无情的安全事故夺走了一个个年轻的生命。学生应学会利用法律武器保护自己，保护他人。

在一些未成年人权利受侵犯的案例中，许多事件是因为未成年人不会运用法律武器保护自己而造成的。因此，只有学生善于利用法律武器保护自己，并自觉运用法律武器与犯罪分子进行斗争，才能从根本上保护自己，遏制违法犯罪活动，才能使我们的社会风气得到净化。

4. 学习和掌握对各种传播渠道的信息进行筛选和接受

随着社会的发展和经济水平的提高，信息的传播和交流速度加快，拥有互联网的家庭不少。学生应有选择性地接受外部信息，从而提高自身抗"病"能力。

第四节　中学生的安全教育

一、中学生应掌握的安全知识

中学生作为一个特殊的社会群体，其生理和心理还不够成熟。一方面，中校必须加强安全知识普及力度，帮助中学生树立正确的社会和校园安全观；另一方面，中学生自身也应该主动掌握以下几个方面的安全知识。

1. 国家安全和校园稳定的意识和知识,包括保持政治敏锐性,提高警惕性,维护国家安全,保守国家秘密,防破坏、渗透方面的知识,国家法律法规等方面的具体知识。

2. 日常生活安全知识,主要包括防盗窃、防抢劫、防诈骗、防伤害、防性骚扰、防食物中毒,警惕传销骗局、加强治安防范等。

3. 交通安全知识,主要包括外出骑车、乘坐交通工具安全知识、旅行交通安全知识、安全驾驶等。

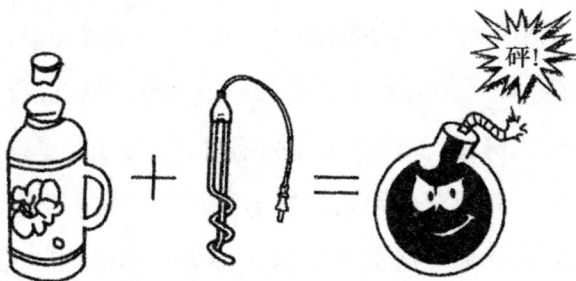

4. 消防安全知识,主要包括用电、用火安全知识,以及火灾发生时报警、灭火器的使用、保护自身安全、自救和逃生知识。

5. 公共安全和防范自然灾害安全知识,主要包括公共突发事件应对和预防雷电、地震、泥石流、滑坡、冰雪、洪水、高温天气的知识等。

6. 科学利用网络安全知识,主要包括预防网络不良信息、计算机病毒、网络欺诈、交友陷阱、信息安全等知识。

7. 生命教育和心理调节知识,主要包括培养自身抗挫折能力,心理调节能力,防自杀、自残,防吸毒等。

8. 学习、实验、实践环节中的安全知识,主要包括文体活动安全、实验操作安全、防有毒物质接触、户外安全等。

二、中学生应具备的安全防范能力

1. 要有对坏人的防范能力

随着社会发展,坏人骗人的伎俩越来越高明,越来越智能化,而生存在学校的中学生却缺少对社会复杂性的认知,缺少必要的安全知识,以致在坏人面前屡屡受到伤害,影响了中学生个人财产安全、身体健康和生命安全。如果中学生掌握和具备对坏人的识别能力,在学习、生活和社会实践中就能够未雨绸缪,避免许多不安全事故的发生,最大限度地减轻损失。

2. 要具有对不明信息、诱惑、陷阱的识破能力

近年来,不明信息诈骗、诱骗、网络陷阱日益增多,特别是信息技术的快速发展,中学生平时接触这方面的信息又多于普通人群,所以是这方面犯罪的主要受害群体。作为中学生必须有对不明信息、诱惑、陷阱的识别能力,一方面是防止网络、手机短信诈骗陷阱,另一方面是保持高度的政治警惕,防止国外敌对势力对我国政治稳定的破坏和国家秘密的窃取。

3. 要有对所处外部环境潜在危险保持敏锐的能力

绝大多数危险都是有前兆的,中学生必须有敏锐和清醒的头脑,时刻对外部环境存在的潜在危险保持警惕。"祸兮福之所倚,福兮祸之所伏。"福和祸两个因素即是相互渗透的,又是相互转化的。一方面,即使处于安全环境,也要居安思危,理性面对安全问题,避免不必要的危险发生;另一方面,对外部环境潜在危险时刻保持警惕和敏感,这有利于及时发现安全隐患,采取必要措施,减少人员伤亡和财产损失。

4. 要有抗挫折和进行自我心理调节的能力

对于中学生心理问题日益增多的现象,学校必须及时采取措施加以引导,及时帮助中学生走出心理阴影。而中学生自身也必须有抗挫折和进行自我心理调节的能力,通过自己的调节和老师、朋友的帮助走出挫折,重新找到人生目标。有一首诗写到:"我们无法改变人生,但我们可以改变人生观;我们无法改变环境,但我们可以改变心境。"中学生必须有一个良好的心态和足够的勇气去面对挫折,要以对自己、对家庭、对学

校、对社会高度负责的态度,及时找到遭受挫折的原因,进行自我心理调节,用最好的精神状态面对未来的人生之路。

5. 要有对已发生的危险情况积极应对的能力

每个中学生在成长的过程中都可能会遇到危险,都会面临处理危急情况的考验,这就要求中学生平时注重学习积累各种安全知识,熟悉各类紧急情况的处理程序和注意事项,临危不乱,利用身边的有利条件和积极因素将所掌握的知识运用好、发挥好,最大程度地减少损失和伤害,这种能力越是在关键时刻越能体现它的价值。

第二讲　校园安全

第一节　校园安全概述

"学校是知识之所。"它不仅仅对学生传授文化知识,同时也对学生进行人格的培养和思想的重塑。柏拉图也认为,教育的任务在于发展和发现个人的特长,以及使这一发展和社会需求相和谐。学校生活是青少年开始独立人生的第一站。而这一切的一个前提就是做一个让家长放心的学生。因此,安全是完成学业的前提保障,是自我实现的前提条件之一,学会保护自己,才能保护他人,才能为社会做贡献。

经过了二十多年的改革开放,我国的经济和社会发生了翻天覆地的变化。在这个多元的现代社会,各种各样的思想相互碰撞,各种各样的道德标准相互交错,再加上各种犯罪活动和腐败现象,因而社会在繁荣的同时亦日趋复杂化。作为独生子女的中学生更容易在相对独立的社会中产生迷茫与困惑。历史赋予了新一代中学生艰巨的使命,作为国家建设的接班人,必须胸怀祖国,面对新的时代和新的挑战。当代中学生不仅需要扎实的专业知识和技能,还应该具有健全的人格和高尚的道德品质,才能承担中华民族和平崛起的历史重任。每一个中学生都是祖国的未来,都是家庭的未来,承载着国家强盛的希望,承载着家庭和亲人的厚望。因此,中学生应该自觉学习中国的传统文化,努力提高自身修养,树立社会主义荣辱观,使自己成为践行"八荣八耻"社会主义荣辱观的先行者和楷模,成为有理想、有道德、有文化、有纪律的一代新人。

一、校园安全的重要性

学校安全工作是全社会安全工作的一个十分重要的组成部分。它直接关系到青少年学生能否安全、健康地成长,关系到千千万万个家庭的幸福安宁和社会稳定。

根据世界卫生组织发布的报告,在世界大多数国家中,意外伤害是儿童青少年致伤、致残的最主要原因。在我国,学龄儿童的意外伤害多数发生在学校和上学的途中;而在不同年龄的青少年中,又以 15～19 岁意外伤害的死亡率最高。

意外伤害不仅造成了大量儿童的永久性残疾和早亡,消耗巨大的医疗费用,而且削弱了国民生产力。不仅给孩子及家庭带来痛苦和不幸,而且给社会、政府及学校造成巨大的负担和损失。

因此,校园安全问题已成为社会各界关注的热点问题。保护好每一个孩子,使发生在他们身上的意外事故减少到最低限度,已成为中小学教育和管理的重要内容。

二、校园常见的安全事故

1. 不当活动事故

学生在课余时间相互追逐、戏耍、打闹时不掌握分寸和方式方法,使用笔、石子、小刀、玩具等器械造成的伤害。

2. 挤压、践踏事故

放学和下课时在楼道、门口等黑暗和狭窄的地方互相争先而造成的挤压、践踏等事故。学校楼房走廊栏杆的高度不符合要求,校园设深水池,体育设备不定期检查、维修、更换,有些危房在带病使用,校园设施老化等造成的事故。

3. 交通事故

不走人行道、随意横穿马路、强行超车、高速骑车等造成的交通事故。乘坐货车或超载车辆而造成车翻、人员伤亡的事故。

4. 体育活动事故

在进行体育活动或上体育课时不遵守纪律或注意力不集中,活动随意,体育器械使用时不得要领而造成的伤害。

5. 劳动或社会实践事故

在劳动或社会实践中安全意识差,操作不熟练或不按要求操作而造成的伤害。

6. 校园暴力事故

学校安全保卫制度不健全,防范措施不得力,学生受到校外不法之徒的侵害。哥们儿义气拉帮结伙,为小事摩擦使用武力,盲目消费导致偷盗,不良交往拉人下水,少数教师有体罚行为。

7. 消防事故

学生取暖、用电、饮食不当而造成火灾、触电、中毒等事故。一是侥幸心理严重,导致老化的供电线路和设施仍在凑合着使用、消防器材不足、楼房过道设计不符合消防规定等等。二是消防知识缺乏,大多数师生不会使用灭火器,消防课极少上,发生火情更不知如何处理。三是管理措施松懈,如学生随便使用电器、煤气、蜡烛等易燃易爆物品。

8. 学生身体特殊事故

因学生特殊疾病、特殊身体素质、异常心理状态受到意外冲击而造成的伤害。

9. 自然灾害事故

学生自救自护能力差,遇到暴风雨、地震、洪水等自然灾害无法有效防卫造成的伤害。

10. 卫生事故

学校对卫生管理重视不够,工作机制不健全,工作措施不落实,特别是农村学校食堂基础设施条件落后,卫生设施差等问题仍很突出,已成为学校突发公共卫生安全事件的隐患。

11. 设施事故

学校没有定期检查设施,导致学校里存在许多安全隐患。

第二节　校内外安全

一、课余活动的事故隐患

校内课余活动中发生的伤害事故,从表面上看,具有偶发性,防范难度大,但对各种伤害事故进行分析,能够发现其中一些规律,我们就可以进行有效的预见和防范。校内活动伤害事故的隐患可以分为:

1. 学校设施失修、安全系数低

课余生活时间学生的活动范围较大,几乎遍布学校的每个角落,学校的设施若是年久失修或缺乏安全性,在学生的自由活动中极易造成学生的伤害事故,这类隐患大致可分为:

学校楼梯、护栏年久失修。此种设施经学生挤撞,很容易发生断裂。

走廊、楼梯过于狭窄。下课或放学时,大批学生集中通过,容易挤伤、摔伤、踩伤。如:某学校刚开学,食堂尚未供应午饭,中午放学后,同学们争先恐后离开教室,由于学校大楼陈旧,楼梯扶手突然断裂,一些同学摔了下来。经竭力疏导、抢救,才消除危险,没有酿成惨祸。

操场上单杠、双杠等体育器材年久失修,多个学生共同使用时容易发生断裂,导致受伤。

学校花坛护栏、墙角等有尖锐处,易发生撞伤。

学校走廊等地面过于光滑,容易摔伤。

电路老化发生漏电,易引发触电事故。

随意停放车辆和堆放物品。因堆放不当,容易造成伤害。

学校改建、装修时,不注意设施安全性,过分追求感官效果,而忽视安全性。如铺设地砖过滑等。

3. 学生不遵守校纪校规,自我保护意识差

(1)学生不遵守学校的规章制度,不文明休息,打闹嬉戏过度等。如某校六年级学生小王放学后在操场上玩耍,在没有人保护的情况下爬上了单杠,并在上面行走,不慎摔下。

(2)学生之间恶作剧。如:某校一初三同学课后准备走出教室,被前排座位上的一名同学伸出来的脚绊了一下,撞在课桌角上,顿时昏了过去,学校及时将这位同学送往医院,诊断为肝脏受伤,经医生全力抢救方脱离生命危险。

(3)学生游戏不当,误伤他人。如某学生上课时玩塑料尺,不料尺被弹出,弹伤另一学生的眼睛。

学生缺乏自我保护意识,对可能发生的险情视之若无,遇到险情不能及时排除或采取有效措施。

二、在教室内活动应注意的安全事项

在教室内活动,有许多看起来细微的事情值得同学们注意,否则,在教室里也同样容易发生危险。

以下就是同学们需要注意的几点:

1. 防磕碰

目前大多数教室空间比较狭小,又放置了许多桌椅、饮水机等用品,所以不应在教室中追逐、打闹,做剧烈的运动和游戏,防止磕碰受伤。

2. 防坠落

无论教室是否处于高层,都不要将身体探出阳台或者窗外,谨防不

慎发生坠楼的危险。

3. 防挤压

教室的门、窗户在开关时容易压到手,也应当处处小心,要轻轻地开关门窗,还要先留意会不会夹到他人的手。

4. 防火灾

不带打火机、火柴、烟花爆竹、小鞭炮等危险物品进入校园,杜绝在校园内玩火、燃放烟花爆竹等行为。

5. 防意外伤害

不带锥、刀、剪等锋利并尖锐的工具,图钉、大头针等文具在使用时必须有老师指导,用后应妥善存放起来,不能随意放在桌子、椅子上,防止有人受到意外伤害。

三、游戏时应注意的安全事项

游戏是同学们生活中的重要内容,在游戏中也要树立安全观念。

1. 要注意选择安全的场所

要远离公路、铁路、建筑工地、工厂的生产区;不要进入枯井、地窖、防空设施;要避开变压器、高压电线;不要攀爬水塔、电杆、屋顶、高墙;不要靠近深湖(潭、河、坑)、水井、粪坑、沼气池等。这些地方非常容易发生危险,稍有不慎,就会造成伤亡事故。

2. 要选择安全的游戏

不要做危险性强的游戏,不要模仿电影、电视中的危险镜头,如:扒乘车辆、攀爬高的建筑物、用刀棍等互相打斗、用砖石等互相投掷、点燃树枝废纸等。这样做的危险性很大,容易造成预料不到的恶果。

3. 游戏时要选择合适的时间

游戏的时间不能太久,这样容易过度疲劳,发生事故的可能性就会大大增加。最好不要在夜晚游戏,天黑视线不好,人的反应能力也降低了,容易发生危险。

四、校园内外安全行走

1. 上下楼梯的注意事项

上下楼梯时精力要集中,一律靠楼梯的右边行走,前后要保持一定的距离,不要并排,不要跑跳,不要追逐打闹,不要前推后拥;发现拥挤现象不要慌乱,要靠墙或扶楼梯扶手止步;不要将身体探过楼梯扶手,更不要从栏杆上下滑。

上下楼梯 谨防跌倒

2. 在走廊内的注意事项

(1)在走廊内休息时,不要将上半身探出栏杆,更不要攀爬栏杆。

(2)在走廊内行走时,要轻声慢步,不要大声喧哗,不要跑跳。不要借助栏杆做健身动作,更不要用身体、四肢冲撞栏杆。

(3)不要在走廊内追逐打闹和做游戏。

(4)不要从走廊向楼下扔任何东西。

3. 课间活动时的注意事项

(1)不要在教室内跑跳、追逐打闹和做游戏。

(2)不要在门口追逐打闹和做游戏。

(3)未经老师允许不得出校门。

(4)在校园内活动时不得急跑,不得追逐打闹,不得做恶作剧。在人少的地方活动和游戏,不要危及他人安全。不要做有危险的活动和游戏。

(5)第一遍上课铃响后立即停止活动,以正常行走速度走进教室。

4. 上下学的注意事项

(1)按规定时间到校,到校后立即到教室做好课前准备。

(2)放学时要以班为单位站队下楼,不得私自提前或拖后。

(3)放学时要随队离校,不得私自提前出校门或在校园停留。

(4)出校门后直接回家,不得在路上停留、打闹、游戏或做其他事情。

(5)需要家长接送的学生,如果放学时家长未到,不要独自回家,在电话通知家长后在校园内静静等候。

第三节　实验安全

一、物理实验事故的防范与处理

物理实验是一种手脑并用的活动,是培养学生实践能力和创造能力的重要途径。随着物理实验在中学物理教学中的日益加强,有效防范由实验而引发的各类伤害事故成为学校安全工作的一个重要方面,也越来越受到教师、学生、家长等各方人士的普遍重视。

物理实验所引发的伤害事故,虽然现象不一,情况各异,但究其发生的原因还是有着一些共同的内在规律和因素。只要我们认真分析研究,制定出各项相应的措施,还是能够防患于未然,大大减少和杜绝因由物理实验而引发的伤害事故。

1. 造成物理实验事故的隐患

物理实验所引发的伤害事故,如触电、爆炸、中毒、烫伤、割伤等,表现形式多种多样,但分析其发生的原因,大致有以下几个因素:

(1)违反操作规程

①缺乏必要的实验知识而引起的操作不当

如在做气体实验时,应缓慢操作,否则会由于气体急剧膨胀而引起爆炸事故。在用220伏民用交流电时,绝对不能带电作业,也不能两只手同时接线,否则容易发生触电事故。用水银做实验时,不能给水银加热,因为水银蒸气有毒,人体吸入后会引起中毒事故。接通的电热器,通电的电阻等都会产生热效应,不能随意搬动和接触,否则极易发生烫伤事故。用橡皮管连接玻璃管时,要先把玻璃管端用水浸润,再插入橡皮管,否则既不易插入,也容易导致玻璃管破裂而引起割伤。

②贪快、图方便而引起的操作不当

不要把橡皮管、玻璃管直接放在口中吹或吸,即使在利用虹吸作用抽吸液体,也不能用口来吸液,应使用一定的装置来完成。实验者如果贪快、图方便而采用嘴吸液的办法,容易导致中毒事故。再如将水银装入玻璃管时一定要用细颈漏斗,而如果图省事,直接把大量水银倾入管中,会引起水银外溢甚至玻璃管破裂从而发生伤害事故。用一盏酒精灯对着另一盏酒精灯来取火,因酒精外溢极易发生燃烧事故。以上种种都是贪快图方便,违规操作,从而导致危害的发生。

③粗心而引起的操作不当

学生实验中,有时也会因一些小问题而导致伤害事故。如在做水沸腾等实验时,将蒸汽出口对着人体;加热容器中液体时,将液体装得太满;加热烧瓶、烧杯时忘放铁砂或石棉网;添加酒精时不慎将酒精洒在外面,点燃酒精灯时引燃洒落在外的酒精起火等。

(2)实验室管理不善

实验室没有专职实验员的管理,有的虽有专职实验员,但缺乏必要的业务知识或缺乏责任心,也常会发生在配置实验器材、药品时发生差错,从而导致伤害事故的发生。

如用汽油代替煤油或酒精做燃料;做气体实验时没有配用结实的圆底烧瓶而用了平底烧瓶,平时用器皿盛药品;实验室长期存放的水银直接露在空气中;水银装入玻璃管的实验中,没有用特制的厚玻璃管等。

(3)实验室设施陈旧

实验室的设备如电路、煤气等如果年久失修,会引起漏电、漏气等事故,从而造成较大的伤害。

(4)实验器皿、用品不符合标准

因贪图利益,或者检查不严,购进不符合标准的实验器皿、用品或者实验用品时间失效变质,都可能给实验带来不安全因素。

2. 事故隐患的预防

为了尽可能减少和杜绝物理实验中的伤害事故,应以预防为主。我们可针对发生隐患的各种主要因素分别采取相应的措施。

学生的操作不当是引起实验事故最主要、最常见的原因。因此我们必须在物理学习中加强对实验的学习,加强对实验操作能力的培养和训练,尤其要加强实验基础知识、基本操作方法的学习。在现场的实验学习中,要清楚正确的实验步骤、注意事项。在动手操作时,对实验理解较差的学生可请老师观察和指导,以免事故发生,或及时把事故消灭在萌芽之中。

二、化学实验事故的防范与处理

化学是一门以实验为基础的科学,化学实验是人们研究和认识物质及其变化规律的一种重要的科学方法,是培养学生观察、思维能力和实验操作技能的重要途径。随着教育改革的深入,强调以人为本,提高学生素质,学校教育实行必修课、选修课、活动课三大教学板块,学生参与课内、课外实验的机会增多。在使用仪器、试剂用量、安全操作的每个环节,稍有疏漏,都可能引发各类伤害事故,如失火灼伤、爆炸、中毒等伤害。为此化学实验安全成为学校安全防范工作的重点。事实证明,只要我们思想上有安全意识,措施落实,是可以防患于未然,能够减少以至杜绝事故的发生。

1. 造成化学实验事故的隐患

分析以往发生的化学实验事故,尽管隐患是多种多样的,但归结起来可分为人和物两个方面。由于社会主义市场经济正处于形成和发展阶段,各种经济成分比较复杂。在经济利益驱使下,产品质量出现鱼目混珠,仪器的精度偏差较多,试剂的纯度难以保证,给化学实验安全埋下诸多隐患。

(1)仪器质量和试剂纯度不达标

①玻璃仪器在生产过程中,部分厂商追求经济效益,采购的原料不合格,造成产品质量先天不足;制造过程中有的工艺粗糙,致使产品精度达不到要求;各种仪器之间接口不匹配、玻璃管壁厚薄不匀、瓶口不圆等,造成仪器密封性能差,致使有毒有害气体外溢;有的耐高温、耐高压的程度达不到要求,实验中,仪器自行破裂、爆炸,埋下发生伤害事故的隐患。

②实验用的化学试剂不符合标准。混有杂质的试剂,使实验现象不明显,无法实现教学目标,有的多次发生事故险情,其中瓶签的物质名称与试剂不符,有的杂质含量超标等。如某厂生产的二氧化锰混有可燃性杂质,教师以该二氧化锰给学生做示范性实验,单独加热时,试管内时时闪现点点火星,在与氯酸钾混合加热制取氧气时,随时都有可能出现试管爆炸发生伤害事故,因此不得不中止实验过程。

(2)违反酒精灯使用规则

①酒精灯是化学实验中最常用,使用最广泛的加热器。使用时规定用火柴点燃,严禁用已经点燃的酒精灯对另一个点火。但对初次使用酒精灯的学生很容易发生习惯性的失误。如某校初三学生,二次划火柴没有成功,就随手拿临桌已点燃的酒精灯进行对接点火,当酒精灯侧转时,酒精洒出,爆出一片火焰,又引发酒精灯爆裂,更多酒精泼出来,灼烧了其双手和面部。

②酒精灯内的酒精数量有规定,不超过灯座容积的三分之二,不少于灯座容积的四分之一。如酒精太多,在移动酒精灯预热试管时,酒精在晃动时洒出会引起失火。酒精太少,点燃会发生气爆,灯头连同灯心会一起冲出,打在学生脸上、眼部,戴着眼镜的,也会砸碎镜片。

（3）违反实验操作规程

①用排水法收集并必须加热制取的气体，操作规程要求在收集结束时，先将导气管移出水面，然后停止加热。但有个别同学采取先停止加热后将导气管移出水面的操作顺序，使水回流，导致试管爆裂，滚烫的玻璃碎片和试剂粉末灼伤其脸部。

②稀释浓硫酸时，规定必须将浓硫酸顺着烧杯壁缓缓加入水中，同时不停用玻璃棒搅拌。加入速度不能太快，绝不能将水加到浓硫酸中。一旦操作出现差错，就会造成部分爆沸、酸液溅出，造成人员伤害和桌面损坏。

③点燃可燃性气体（如氢气）前，必须先作纯度检验，只有验证制得的气体已经纯净时，才可点燃。某同学在做氢气可燃性实验时，忘了先检验其纯度，点燃时发生爆炸，灼伤了手指。

④酒精是易挥发、可燃性液体，火焰呈淡蓝色，尤其在天气晴朗，光线充足的地方，酒精燃烧的火焰浅到近似无色。观察酒精燃烧火焰应在蒸发皿或表面皿等浅口容器中进行，中间要添加酒精必须先盖灭火焰或验证火确已熄灭后方可加入。

（4）实验操作不当

①超量使用化学试剂是事故隐患之一。在做"乙炔的制取和性质实验"时，用量规定3～4毫升和2～3小块电石。一学生想使实验明显些，对"小块电石"的理解有偏差，加入一角匙米粒大小的碎电石，结果还未把带塞的导气管装入试管口，一股强烈的乙炔气流连同反应产物发烫的氢氧化钙浊液一起喷涌在手上，造成灼伤。

②化学试剂多为固体，颜色、晶体性状、形状相似的较多，使用时必须看清瓶签上试剂名称，不能错用。近年来已多次发生误将红磷或木炭粉当作二氧化锰（颜色都接近黑色），在与氯酸钾混合加热制取氧气时，发生试管爆炸，伤及学生的面部和手。

③进行易燃、易爆试剂的实验时,应按安全操作要求,戴好防护面罩或防护眼镜(各校均已配备),并保持规定的距离。有的同学嫌麻烦、无所谓,尤其在活动课,忽视安全措施。如某同学在低头观察金属钠与水反应的有趣现象时,由于水太满,钠粒较大,结果"蹦"出水面,溅到脸上,灼烧了眼部,影响了视力。

④实验中的加热器(如试管、蒸发皿等),必须在试管架或陶土网上自然冷却后,才能用手接触和洗涤,但在时间紧急或慌乱时易疏忽。如某同学听到下课铃声,匆忙整理桌上实验用品,用手拿刚加热过的试管,结果手被烫伤。某同学将未冷却试管用水冲洗,造成试管破裂、手被碎玻璃割伤。

⑤使用仪器,上、下拿法都有规定,倒拿滴管也是事故隐患。某同学在用滴管吸取液溴后担心液滴自然下滴而吸入溴蒸气(液溴极易挥发),因此倒拿滴管,由于液溴密度较大,便从胶皮与滴管壁缝中渗出,严重灼伤了手心。

(5)接触有害、有毒物品不慎

①温度计中水银(化学名叫汞)虽然数量不多,但如实验操作中不慎将其洒落在桌面上,处理不当,挥发成气体吸入体内,也会发生轻度汞中毒,治愈比较困难。水银是液态的重金属,易挥发,洒落在桌面上,与空气的接触面增大,加快了挥发速度。应该在其表面撒上一层硫磺粉进行紧急处理,让其变成稳定的不挥发的硫化汞,然后再彻底清除。

②苯酚有毒,但在水中溶解不多,毒性也较小,但随着温度升高,苯酚在水中的溶解度逐渐增大,达到70℃时,可与水以任意比相容,因此热的苯酚溶液浓度大,毒性也大。某同学在做苯酚性质实验时,无意中将加热的试管碰到铁架台,试管破裂时,又热又浓的苯酚溶液洒在身上,造成灼伤。

③液溴是极易挥发的液体,对人体有严重灼伤作用,吸入溴蒸气,会

使体内器官被伤害,取用或操作时一般都应在通风橱内进行。一同学课间在走廊奔跑时,将教师手上制取溴苯的实验装置撞落在地,烧瓶破裂,脚背被液溴和苯的混合物灼伤。

(6)个别同学偷用化学试剂伤害他人

①某同学完成课内实验后,觉得无聊,趁老师去后排巡视的机会,将实验后多余的硫酸滴在前排同学的衣服上。硫酸中的水分蒸发后,变成浓硫酸,就会腐蚀纤维,第二天该同学发现衣服的背部、肩上出现十多个点的小洞,给同学造成身心的伤害。

②某校一学生在与同学发生纠纷中,感到吃了亏,伺机报复。他趁实验课,将实验后的一小瓶浓硫酸藏匿带出,放学后在校外伤害了另一个同学。

2. 事故隐患的预防

根据对种种化学实验伤害实例及事故隐患的分析,不难发现在许多偶然性、突发性、意想不到的情况中有一定的必然性。只要抓住事故隐患的本质,遵守化学实验安全规则,重视安全教育,严格管理制度,是能够减少或避免事故的发生的。

(1)实验所用的试剂不能跟手接触,更不准品尝试剂的味道。绝对不允许将各试剂混合。用剩的试剂应该交还实验室,未经教师许可,不能将试剂带出实验室。

(2)实验时,时刻不忘安全,严格遵守实验操作规程,细心使用易燃、易爆、有毒、有腐蚀性的试剂,防止意外事故的发生。

(3)实验中,试剂的取用量按实验规定,如果没有规定用量,则应该取最少量,液体一般取1~2毫升,固体以盖满试管底部为宜。

(4)与空气混合气体的可燃性(如氢气),遇火容易发生爆炸,这些气体的发生装置要远离明火。点燃可燃性气体前,必须先要检验气体的纯度。

（5）使用加热器（酒精灯和煤气灯），必须了解其特点和使用方法及有关注意事项，熟练掌握安全使用酒精灯的技能。加热的试管口不能对着自己和他人。

（6）制取气体，先要选择适合的仪器，并连接成相应的实验装置。按照从左到右，从上到下的顺序安装，然后检查装置的气密性，其后方可装入试剂进行制取，并根据气体的性质，对尾气作恰当处理，避免有毒有害气体溢出，污染环境，发生伤害事故。

3. 化学实验事故的处理

处理各种化学实验事故的总原则是：及时性、针对性、有效性。一旦发生事故，首先避免惊慌，稳定学生情绪，防止伤害扩大，并根据事故的不同性质，作出有针对性的有效措施，进行急救和及时处理，使伤害事故的危险降到最低程度。

（1）如有强腐蚀性的浓酸（如浓硫酸、浓硝酸、浓盐酸等）和浓碱（如氢氧化钠浓溶液、浓氨水等）溅到皮肤，告诉同学不要慌张。若是浓硫酸沾上，应用干布抹去，再用3％～5％的碳酸氢钠溶液或稀氨水冲洗，涂上硼酸溶液，再用水冲洗。衣服沾上酸、碱也用上述方法类似处理。情节严重要立即送医院治疗。

（2）万一眼睛溅进了酸或碱溶液，立即用水冲洗（切不可用手揉眼睛），一边冲洗一边不停眨眼睛，情况严重要立即送医院诊治。

（3）皮肤被利器或玻璃割伤，先检查伤口是否残留玻璃碎片，用3％的双氧水消毒伤口，在伤口抹上红药水或紫药水，撒上消炎粉并进行包扎，出血较多应立即送医院治疗。

（4）因火焰喷射或接触炽热物体所引起的烧伤，若伤处发红，可先用酒精洗涤，再用2％的高锰酸钾溶液浸湿的纱布敷放伤处即可。若皮肤上形成了水泡，则不要把水泡刺破，应送医院治疗。因强酸、碱接触皮肤所引起的烧伤,可用中和的方法处置。若被酸烧伤,可用肥皂水或用2%的食用苏打水溶液洗伤口,若被碱烧伤,可用弱醋酸洗。以上处理后用大量清水冲洗。

(5)万一发生失火,按火情大小相应处理。小火可用湿布或沙土覆盖着火的物体。身上有火,可扑打火焰,还可以就地打滚,用以压灭火焰。如失火面积较大,视不同着火物品,选用泡沫灭火器或二氧化碳灭火器。电器失火时,应先切断电源,再使用二氧化碳灭火器。

第四节　校园暴力伤害

一、什么是校园暴力

校园暴力顾名思义是指发生在校园及其附近的以学校教师或学生为施暴对象的恃强凌弱的暴力行为。校园暴力是一种普遍存在的世界性现象,在一些国家或地区校园暴力事件非常频繁,给教育发展带来极大危害。

二、校园暴力有哪些形式

校园暴力包括行为暴力、语言暴力和心理暴力。

1. 行为暴力主要指包括打架斗殴、敲诈勒索、抢劫财物等一系列对人身及精神达到某种严重程度的侵害行为。校园暴力的形式主要有五种:一是索要钱物,不给就拳脚相加,威逼利诱;二是以大欺小,以众欺寡;三是为了一点小事大打出手;四是同学间因“义气”之争,以暴力手段争长论短;五是不堪长期受辱,以暴制暴。

2. 语言暴力主要指通过语言对精神达到某种严重程度的侵害行为,包括起侮辱性外号、造谣污蔑等行为。

3. 心理暴力主要指通过言语、行为或其他方式对精神达到某种严重程度的侵害行为。如恐吓、侮辱、排斥、歧视、孤立等行为都是心理暴力行为。

三、如何应对和制止校园暴力

应对校园暴力,辨别是前提。一些同学在遭遇突发事件,生命安全受到威胁时却全然不知,以为那仅仅是不礼貌行为;另一些同学在目睹校园暴力时也无动于衷,以为只是同学间的"嬉闹"。要抵制校园暴力,要具备对校园暴力的识别能力:

校园暴力打破了校园里原本属于我们的宁静与和谐,为了不让校园这方净土成为另一个"江湖",为了不让我们的"花季"变成"花祭",我们要坚决向校园暴力说"不",坚决避免和制止校园暴力!

1. 不崇拜暴力文化

首先,我们应该远离那些充斥着暴力文化的影视作品、书籍、报刊及游戏等,不给暴力文化以存留的空间;其次,不要受暴力文化的影响,贸然模仿影视或游戏里的暴力行为,在现实生活中,暴力不会帮助我们解决任何问题,它只会激化矛盾;再次,正确认识影视、书刊中英雄人物的形象和意义,不盲目崇拜影视作品中那些"除暴安良"的英雄人物,不用暴力表现自己的价值;最后,培养健康高尚的审美情操,多接触有益身心的文化。

2. 不参与校园暴力

我们明白,道理是讲出来的,而不是打出来的。珍惜生命的同时,也要珍惜身边每一个爱你的人。我们在日常校园生活中,文明用语"你好、请、谢谢、对不起、再见"10字应常挂口上,不讲粗言秽语。同学之间应和睦相处,不拉帮结派。宽以待人,互相尊重,相互礼让,相互体谅。遇到问题时,我们需要的是解决问题的方法,而不是制造问题的暴力手段。发生矛盾时,我们应该先正确认识自身存在的问题。我们应树立正确的是非观念,要有最起码的善良、同情心和怜悯感。当有同学"邀请"我们去参与校园暴力时,我们应该断然拒绝,坚决不充当校园暴力行为中的帮凶。

3. 注重心理的健康发展

心理因素是引发校园暴力的一个重要因素,有的同学压力大,无法通过正常渠道排解压力。当我们面临心理压力时,一定要做到:不要让压力占据我们的头脑,保持乐观是控制心理压力的关键,我们应将挫折视为鞭策我们前进的动力,不要养成消极的思考习惯,遇事要多往好处想。在平时的生活中,我们应主动努力与他人沟通,应尽量敞开心扉,表达心情,诉说心声,这样我们才能更好地平衡心理,通过外界的帮助来完善思维,解决各种困难和问题,从而避免遇事激烈冲动,自作主张。与他人交流,合理发泄自己的情绪,都有利于心理压力的自我调节。

4. 加强自身的法律意识和法制观念

施暴者法律意识淡薄,对法律无知,这是校园暴力产生的另一个主要原因。一些同学考虑问题过于偏激,过于钻牛角尖,做事不多考虑,认准了一点就无法想到其他问题,想不到可能导致的严重后果,甚至需要承担的法律责任,做了以后才会发现问题的严重性,但往往这时候后悔已晚。所以为了加强自身的法律意识和法制观念,我们要学法、懂法、守法、用法。同学们在平时的生活中,应认真学习《中华人民共和国治安管理处罚法》、《中华人民共和国刑法》等相关知识,不仅要了解和青少年相关的法律,还要了解国家的其他法律法规;既要以法律来规范自己的行为,也要以法律来保护自身的合法权益。我们应当自觉遵守基本的行为规范和法律,培养守法的观念,并形成对法律的坚定信仰,这样才能更好地保护自己。

总之,当我们面对校园暴力时,我们应自觉对其进行抵制,平时在日常生活中,我们应当远离暴力文化,不参与暴力行为,学会调节自己的心理,做一名知法、守法的青少年。

5. 树立正确的安全道德观念

在关注自身安全的同时去关注他人的安全。助人者自助,救人者自救! 助人为快乐之本,社会需要弘扬正气。同情我们身边的人,珍爱自己和他人的生命,避免悲剧的发生,这是我们应该做的。安全第一,预防为主,防患于未然是解决问题的最好办法。

与同学友好相处。有的同学遇到矛盾时,不愿意吃亏,认为忍让就是没了面子,失了尊严,最终只能使矛盾不断升级,不断激化。我们应该宽宏豁达,不应为一丁点儿小事僵持不下,斤斤计较,甚至拳脚相加,做出降低人格的事情。

6. 避免自己成为施暴者的目标

我们平时不要随身携带太多的钱以及手机等贵重物品,不要公开显露自己的财物。学校僻静的角落、厕所或楼道拐角都是校园暴力的多发地带,我们在这些地方活动时尤其要注意安全,最好结伴而行。

应对暴力,临危不乱。如果我们无法避免危险的发生,那么,在危险发生的时候,我们一定不要惊慌! 保持冷静、清醒的头脑是制胜的关键。我们应克服心里的恐惧,积极地去解决问题或者本能地保护自己。

7. 遭受语言暴力时的自救

应对语言暴力,我们通常可以采取以下方式:一是淡然处之,对付语言暴力最好的办法是保持沉默;二是自我反省,遭遇语言暴力的同时,我们还应该积极地分析自身责任,是否是自己的行为或做事的方法本身存在问题;三是无畏回应,如果对方是有意并且是较为恶劣的人身攻击或伤害,就有必要对攻击者郑重地声明自己的立场,或给他一个严厉而意味深长的眼神;四是肯定自己,不要受对方侮辱性语言的影响,要积极肯定自己的价值;五是调整心理,对于外界的打击和辱骂,我们要有一个好的心态,要学会爱惜自己,不要让他人的因素来影响你的情绪和健康,作好心理上的调节；六是法律维权，如果语言施暴者的行为已经构成了诽谤，并对我们造成严重的精神伤害时，我们可以诉诸法律，用法律来维护我们自身的权益。

8. 遭受行为暴力时的自救

如果被攻击者殴打该怎么办？一是找机会逃跑。二是大声呼救。三是如果以上退路被攻击者截断，那么应双手抱头，尽力保护头部，尤其是太阳穴和后脑。

9. 遭受心理暴力时的自救

对于心理施暴，要从自我心理调整入手。如果在学校遇到了排斥、歧视、孤立等心理暴力行为，我们应该积极、主动地去与别人沟通，弄清楚原因。如果自己无法解决，可以向老师求助。

10. 及时报告，以法维权

由于校园暴力有随机性，许多同学对其产生了恐惧和焦虑。一些同学不敢把事情告诉家长和老师，更不敢报警，甚至警方破案后也不敢出面作证，成为"沉默的羔羊"。忍气吞声往往会导致新的暴力事件的发生。所以我们一定要树立报告意识，一旦有情况发生，及时告诉我们的家长、老师和警察，他们是我们值得信任的人。发现他人遭遇紧急情况，我们一定要在第一时间打电话向公安机关求助，采取最有效的救助措施。

第五节　防止校园盗窃

一、校园盗窃案件的特点

由于作案场所和作案主体的特殊性，决定了校内盗窃案件有以下特点：

1. 时间上的选择性——作案者往往选择无人的空隙时间实施盗窃。例如，上课、下班、节假日和夜间等时间段。

2. 目标上的准确性——作案人通常对校园情况十分熟悉,或事先进行过踩点,哪个学生、老师有钱或贵重物品,常放在什么地方,有没有锁在抽屉中或柜子里,钥匙放在何处,作案人都基本了解,不动手便罢,一旦动手目标十分准确,作起案来常常容易得手。

3. 技术上的智能性——校园盗窃案件的作案主体,一般以社会上无业人员、外来流动人员为多。也有一些"家贼"很聪明,他们智力超群、观察力很强,在这方面他们的能力超出同龄人。

4. 作案上的连续性——初犯得手后,作案人往往会产生侥幸心理,加之报案的滞后性或破案的延迟性,作案人极易屡屡作案而形成一定的连续性。

二、校园盗窃的方式及手段

纵观以往发生在校园的盗窃案件,可以看出盗窃分子在作案前或作案过程中往往有种种活动,供我们识别。

1. 借口找人,投石问路。外来人员流窜盗窃,首先要摸清情况。包括时间、地点、治安防范措施等。往往以借口找人为由打探虚实,一旦有机会就立即下手。

2. 乱闯乱窜,乘虚而入。有些犯罪分子急于得到财物,根本不"踩点",而是以找人、借东西为由,不宜下手就道歉告退,如有机会立即行窃。

3. 见财起意,顺手牵羊。有些偶然的机会,使盗窃分子有机可乘。看见别人的摩托车、自行车没锁,顺手盗走;趁宿舍内无人,将他人放在床上的钱物窃为己有。

4. 伪装老实,隐蔽作案。个别人从表面看为人老实,工作、学习积极,实为用此作掩护,作案后不会被人怀疑。

5. 调虎离山,趁机盗窃。有些人故意提供虚假"信息"诱你离开宿舍,然后趁室内无人行窃。

6. 混水摸鱼,就地取"财"。宿舍内发生意外情况或学校组织大型活动时,乘人不备,进行盗窃。

7. 里应外合,勾结作案。学校学生勾结外来人员,利用学生熟悉情况的特点,合伙作案。

8. 撬门拧锁,胆大妄为。不法分子趁学生上课、假期宿舍无人等时机,大胆撬门拧锁,入室盗窃。

三、被盗原因

1. 混编宿舍,人员较乱、互不了解。因上课、外出时间不统一,容易被盗窃分子钻空子。

2. 马虎大意,缺乏警惕。宿舍每人一把钥匙,外出时互相依赖忘了锁门,夏季休息不关门窗,给盗窃分子可乘之机。

3. 随意留住外人。有的同学在社交中认识一些校外人员,带回学校,随意留住。由于了解不深、情况不明使窃贼乘机作案。

4. 宿舍钥匙随意借给他人,钥匙管理混乱,财物容易丢失。

5. 新生入学,老生离校及节假日时,人员较乱且流动较大,容易被盗,并且此时学生手中现金较多,损失相对较大。

6. 有些同学在上课或到教室自习时,携带随身听、复读机、MP3 播放器、手机等贵重物品及现金,课间休息、下课后、自习睡觉时将上述钱物随意放在教室书包内。因人员较乱或教室无人,发生丢失。

四、防盗的基本方法

防盗的基本方法有人防、物防和技防三种。其中,人防是预防和制止盗窃犯罪相对可靠的方法。人防首先是自防,中小学生自我防范意识比较差,没有多少防范经验,很多作案者都是利用了人们防范意识差和麻痹大意的弱点。学校要经常对学生进行防盗和法制教育,不断提高学生的防范意识和法制观念,形成人人能自防、人人都能防的氛围。同时也要加强宿舍管理和门卫管理,宿舍和门卫管理松懈容易给不法分子可乘之机。物防,是一种应用最为广泛的基础防护措施。而技术防范,则可及时发现入侵、能够替代人员守护且不会疲劳和懈怠,可长时间处于戒备状态的更加隐蔽可靠的一种防范措施,物防和技防能够比较有效地防范学校夜间的盗窃行为,最大限度地保护学校的财产。对于学生来说,最重要的是做好教室和学生宿舍的防盗工作,保护好自己和同学的财物。这不仅是个人的事,而且也是全宿舍、全班乃至全校学生共同关心的大事。学生宿舍和教室的防盗工作,要注意做到以下几点:

1. 最后离开教室或宿舍的同学,要关好窗户锁好门,千万不要怕麻烦。同学们一定要养成随手关灯、随手关窗、随手锁门的习惯,以防盗窃犯罪人员乘隙而入。

2. 不留宿外来人员。学生之间不能只讲义气、不讲纪律。如果违反学校宿舍管理规定,随便留宿不知底细的人,很容易为人所侵,造成严重后果。

3. 发现形迹可疑的人应加强警惕、多加注意。作案人到教室和宿舍行窃时,往往会打着某种借口并趁机观察形势,一旦发现管理松懈,便会伺机行事。遇到这种情况,无论是同学还是老师都应主动上前询问,并请他出示相关证件,交由值班人员记录。如果来人神色慌张或左右支吾、闪烁其词,可一方面派人与其交谈,另一方面通知学校保卫部门尽快来人调查处理。

4. 要安排好办公楼和宿舍等部位的安全巡视,协助学校保卫部门做好安全防范工作。

5. 注意保管好自己的钥匙及贵重物品。

对于学生来说,最重要的是做好教室和学生宿舍的防盗工作,保护好自己和同学的财物。对于老师来说,在上课和离校时要注意检查和保管好自己的贵重物品。这不仅是个人的事,而且也是身边所有人共同关心的大事。

五、几种特殊易盗物品的防盗措施

1. 现金——现金往往是盗窃分子的首选目标。最好的保管办法是将其存入银行。尤其是数额较大时,更应及时存入银行。密码应选择容易记忆且又不易解密的数字,不要用自己的出生日期作密码,以防熟人冒领。特别要注意存折、信用卡等不可与身份证等相关证件放在一起,以防被人盗走后冒领。在银行存取款时,输入密码要轻声、快捷,切忌旁若无人、大声喊叫。发现存折丢失应立即挂失。

2. 各类有价证卡——目前,大部分学校已广泛使用各种银行卡进行账目结算,学生无须携带大额现金来校缴费,校内不少设施也开始使用磁卡。这些有价证卡应当妥善保管,最好的保管方法是放在自己贴身的衣袋内,袋口应配有纽扣或拉链。所用密码不要轻易告诉任何人,以防身边不速之客。当卡需离身时,尽量存放在安全地带。

3. 自行车——自行车被盗是社会的一大公害。校园内也不例外。买新车一定要到有关部门办理落户手续。要安装防盗车锁,养成随停随锁的习惯。在学校、公共场所尽量停在指定停放处。一旦丢失,应立即到保卫部门报案,并提供相关信息,以便及时查找。

4. 贵重物品——如手表、手机等,较长时间不用时应带回家中。暂不使用时,应锁在抽屉或箱(柜)子里。寝室的门锁要牢固,易于翻越的窗户要加防盗网,门锁钥匙不要随便乱放或丢失。在价值较高的贵重物品上,最好做上一些特殊记号,即使被偷走将来找回的可能性也会大一些。

六、发生盗窃案件的应对办法

一旦发生盗窃案件,同学们一定要冷静应对:

1. 立即报告学校保卫部门并保护现场,禁止任何人进入,在场者不得翻动任何物品。

2. 发现嫌疑人,应立即报告和组织同学进行堵截,力争捉拿。

3. 配合调查,实事求是地客观回答调查人员提出的问题。积极主动地提供线索,不得隐瞒不报,学校保卫部门和公安机关有义务、有责任为提供情况的同学保密。

4. 如果发现存折被窃,应尽快挂失。

希望在校学生提高自身防盗意识,发现情况,及时报告,给保卫科和公安机关提供有价值的线索。

第三讲　家庭生活安全

　　家庭是社会生活的基本单位,也是中学生生活与成长的摇篮,是个人生存与发展的第一环境。从小到大,我们的大部分时间都是在家庭中度过。因此一个安全、健康的家庭环境对于我们中学生的成长以及家人的幸福来说都是不可或缺的。本讲将对家庭生活中的一些安全隐患以及预防与应急常识作一些探讨。

第一节　用电安全

一、用电安全常识

　　随着生活水平的不断提高,生活中用电的地方越来越多了。因此,我们有必要掌握以下最基本的安全用电常识:

　　1. 认识了解电源总开关,学会在紧急情况下关断总电源。

　　2. 不用手或导电物(如铁丝、钉子、别针等金属制品)去接触、探试电源插座内部。

"电老虎"摸不得

3. 不用湿手触摸电器,不用湿布擦拭电器。

不用湿手去操作电器　　　　　　不用湿布擦带电的电器

4. 电器使用完毕后应拔掉电源插头;插拔电源插头时不要用力拉拽电线,以防止电线的绝缘层受损造成触电;电线的绝缘皮脱落,要及时更换新线或者用绝缘胶布包好。

　5. 路上远离脱落的电线,发现有人触电要设法及时关断电源;或者用干燥的木棍等物将触电者与带电的电器分开,不要用手去直接救人;年龄小的同学遇到这种情况,应呼喊成年人相助,不要自己处理,以防触电。

路上远离脱落的电线

　6. 不随意拆卸、安装电源线路、插座、插头等。哪怕安装灯泡等简单的事情,也要先关断电源,并在家长的指导下进行。

　7. 睡觉前或离家时切断电器电源。

二、家用电器使用常识

如今,电视机、电冰箱、洗衣机、电熨斗、吹风机、电风扇等家用电器越来越多地进入了家庭。使用家用电器,除了应该注意安全用电问题以外,还要注意以下几点:

1. 各种家用电器用途不同,使用方法也不同,有的比较复杂。一般的家用电器应当在家长的指导下学习使用。危险性较大的电器则不要自己独自使用。

2. 使用中发现电器有冒烟、冒火花、发出焦煳的异味等情况,应立即关掉电源开关,停止使用。

3. 电吹风机、电饭锅、电熨斗、电暖器等电器在使用中会发出高热,应注意将它们远离纸张、棉布等易燃物品,防止发生火灾;同时,使用时要注意避免烫伤。

4. 要避免在潮湿的环境(如浴室)下使用电器,更不能使电器淋湿、受潮,这样不仅会损坏电器,还会发生触电危险。

5. 电风扇的扇叶、洗衣机的脱水筒等在工作时是高速旋转的,不能用手或者其他物品去触摸,以防止受伤。

6. 遇到雷雨天气,要停止使用电视机,并拔下室外天线插头,防止遭受雷击。

7. 电器长期搁置不用,容易受潮、受腐蚀而损坏,重新使用前需要认真检查。

8. 购买家用电器时,要选择质量可靠的合格产品。

家用电器同时使用会造成用电总功率超载,引起跳闸或线路烧毁,引发火灾

三、常见的触电类型

电击伤俗称触电,是由于电流通过人体所致的损伤。大多数是因人体直接接触电源所致,也有被数千伏以上的高压电或雷电击伤的情况。

接触200伏以下的低压电易引起心肌纤颤及心搏停止,1000伏以上的高压电多出现呼吸停止,220～1000伏的电压可致心脏和呼吸中枢同时麻痹。触电局部可有深度灼伤,而呈焦黄色,与周围正常组织分界清楚,有2处以上的创口,1个入口、1个或几个出口,重者创面深及皮下组织、肌腱、肌肉、神经,甚至深达骨骼,呈炭化状态。

1. 单相触电:单相触电是指人体在地面或其他接地导体上,人体某一部分触及一相带电体的触电事故。大部分触电事故都是单相触电事故。

2. 两相触电:两相触电是指人体两处同时触及两相带电体的触电事故。其危险性一般是比较大的。

3. 跨步电压触电:当带电体接地有电流流入地下时,电流在接地点周围土壤中产生电压降。人在接地点周围,两脚之间出现的电压叫跨步电压。因此其引起的触电事故叫跨步电压触电。

四、触电后的急救方法

1. 立即切断电源，或用不导电物体如干燥的木棍、竹棒或干布等物使伤员尽快脱离电源。急救者切勿直接接触触电伤员，防止自身触电而影响抢救工作的进行。

2. 当伤员脱离电源后，应立即检查伤员全身情况，特别是呼吸和心跳，发现呼吸、心跳停止时，应立即就地抢救。

(1)轻症：即神志清醒，呼吸心跳均自主者，伤员就地平卧，严密观察，暂时不要站立或走动，防止继发休克或心衰。

(2)呼吸停止，心搏存在者，就地平卧解松衣扣，通畅气道，立即口对口人工呼吸，有条件的可用气管插管，加压氧气，进行人工呼吸。亦可针刺人中、十宣、涌泉等穴，或给予呼吸兴奋剂（如山梗菜碱、咖啡因、可拉明）。

(3)心搏停止，呼吸存在者，应立即做胸外心脏按压。

(4)呼吸心跳均停止者，则应在人工呼吸的同时施行胸外心脏按压，以建立呼吸和循环，恢复全身器官的氧供应。现场抢救最好能两人分别施行口对口人工呼吸及胸外心脏按压，以1：5的比例进行，即人工呼吸1次，心脏按压5次。如现场抢救仅有1人，用15：2的比例进行胸外心脏按压和人工呼吸，即先做胸外心脏按压15次，再口对口人工呼吸2次，如此交替进行，抢救一定要坚持到底。

(5)处理电击伤时，应注意有无其他损伤。如触电后弹离电源或自高空跌下，常并发颅脑外伤、血气胸、内脏破裂、四肢和骨盆骨折等。如有外伤、灼伤均需同时处理。

(6)现场抢救中，不要随意移动伤员，若确需移动时，抢救中断时间不应超过30秒。移动伤员或将其送医院，除应使伤员平躺在担架上并在背部垫以平硬阔木板外，应继续抢救，心跳呼吸停止者要继续人工呼吸和胸外心脏按压，在医院医务人员未接替前救治不能中止。

第二节　预防煤气中毒

目前,我国城市地区主要采用煤气、石油液化气、天然气作为生活燃料,一部分地区以煤作为燃料,而乡村除小部分利用液化气、沼气作为燃料外,大部分使用燃煤。

无论是煤、煤气、液化气、天然气还是沼气,若使用不当,都有可能引起中毒,造成灾难。

一、煤气中毒的原因

通常将一氧化碳中毒称之为煤气中毒,除了煤在燃烧不充分时释放一氧化碳外,煤气、液化气、沼气等也会释放一氧化碳和其他有毒气体,造成中毒事故。

一氧化碳是一种无色无味的气体,一旦被人吸入,进入人体,就会与血液中的血红蛋白结合,形成一氧化碳血红蛋白,而氧气和血红蛋白的结合就减少了,人体会因此缺氧窒息。

如果家庭中煤气泄漏,通风又不好,室内空气中充斥大量的一氧化碳,就会使人严重缺氧,轻者头晕恶心昏睡,重者窒息死亡。

二、液化气中毒表现

一是轻度中毒。患者可出现头痛、头晕、失眠、视物模糊、耳鸣、严重呕吐、全身乏力、心跳过速、短暂昏厥等症状,血中碳氧血红蛋白含量达 $10\%\sim20\%$ 。

二是中度中毒。除上述症状加重外,口唇、指甲、皮肤黏膜出现樱桃红色、多汗、血压先升高后降低,心率加速,心律失常、烦躁、一时感觉和运动分离(即尚有思维,但不能行动)。症状继续加重,可出现嗜睡、昏迷。血中碳氧血红蛋白约在 $30\%\sim40\%$ 。经及时抢救,可较快清醒,一般无并发症和后遗症。

三是重度中毒。患者迅速进入昏迷状态。初期四肢肌张力增加或有阵发性强直性痉挛;晚期肌张力显著降低,患者面色苍白或青紫,血压下降,瞳孔散大。最后因呼吸麻痹而死亡。经抢救存活者有严重合并症及后遗症。

后遗症中重度中毒病人有神经衰弱,震颤麻痹、偏瘫、偏盲、失语、吞咽困难、智力障碍,中毒性精神病或大脑强直,部分患者可发生继发性脑瘫。

三、家庭使用煤气的一些安全建议

1. 装有煤气表、煤气灶和煤气管的房间或厨房绝对不能作为卧室和休息室,因为万一煤气表、煤气灶和煤气管道损坏漏气,就有煤气中毒的危险。

2. 要正确掌握开关的使用方法。如果煤气灶开关损坏或忘记关闭就会造成危险,发生煤气中毒或爆炸、火灾事故。

3. 在使用煤气时,不要离开,随时注意燃烧情况,调节火焰。因为汤水沸溢出来,可能会浇灭火焰,或者使用小火时,火焰被风吹熄,煤气继续冒出,造成中毒、爆炸等事故。

4. 在停止使用煤气时或临睡前,应该将煤气灶的开关检查一遍,查看是否全部关闭,要做到每个开关都关闭。

5. 在煤气表煤气灶的附近不要堆放废纸、塑料品、干柴、竹篮等容易燃烧的物品和其他杂物,防止点燃煤气后,未熄灭的火柴梗丢入其中引起火灾事故或妨碍维修等工作。

6. 煤气是一种无形无色的气体,肉眼是看不见的。但是,它有一种特殊的臭味,这种臭味类似通常嗅到的臭味。检查是否煤气漏气,找寻漏气点时可用肥皂水涂抹煤气表、灶和管道,凡是起泡的地方,就是煤气漏损处。

7. 如遇煤气支管漏气,用户自己无法断绝气源时,要立即通知所属办事处。在检修人员还未到达以前,用户切勿在室内逗留,并严格禁止各种火种入内,亦不要开或关电灯,以免发生中毒、爆炸等事故。

煤气泄露应急处理措施

未燃烧，必须立即切断气源

关闭管线上游阀门和钢瓶角阀

打开门窗进行通风换气

检查泄漏点

发现泄漏点

用湿毛巾捂住泄漏点并去室外拨打煤气供应商求助

三、家庭发生煤气中毒的主要应急措施

1. 立即打开门窗,移病人于通风良好、空气新鲜的地方,注意保暖。

2. 松解衣扣,保持呼吸道通畅,清除口鼻分泌物,如发现呼吸骤停,应立即口对口人工呼吸,并做胸外心脏按压。

3. 立即进行针刺治疗,取穴为太阳、列缺、人中、少商、十宣、合谷、涌泉、足三里等。轻、中度中毒者,针刺后可以逐渐苏醒。

4. 立即给氧,有条件的应立即转到医院进行高压氧舱室治疗,尤适用于中、重型煤气中毒患者,不仅可使病者苏醒,还可使后遗症减少。

5. 立即静脉注射 50% 葡萄糖液 50 毫升,加维生素 C 500～1000 毫克。轻、中型病人可连用 2 天,每天 1～2 次,不仅能补充能量,而且有脱水之功,早期应用可预防或减轻脑水肿。

6. 昏迷者按昏迷病人的处理办法进行处理。

第三节　谨防烫伤

中学生自己动手做饭,这是应该提倡的,但是在做饭或在厨房做家务的过程中一定要注意安全。在家庭生活中,最常见的是被热水、热油等烫伤。如何防止烫伤呢?

一、烫伤的预防

1. 从炉火上移动开水壶、热油锅时,应该戴上手套,用布衬垫,防止直接烫伤;端下的开水壶、热油锅要放在人不易碰到的地方。

2. 家长在炒菜、煎炸食品时,不要在周围玩耍、打扰,以防被溅出的热油烫伤;年龄较大的同学在学习做菜时,注意力要集中,不要把水滴到热油中,否则热油遇水会飞溅起来,把人烫伤。

3. 油是易燃的,在高温下会燃烧,做菜时要防止油温过高而起火。万一锅中的油起火,千万不要惊慌失措,应该尽快用锅盖盖在锅上,并且将油锅迅速从炉火上移开或者熄灭炉火。

4. 家里的电熨斗、电暖器等发热的器具会使人烫伤,在使用中应当特别小心,尤其不要随便去触摸。

高压锅在使用时,锅里的温度高、压力大,所以安全问题十分重要。

1. 使用前,应在锅沿部位或胶圈上涂一层食用油,以利开启。

2. 使用前必须检查阀座孔是否畅通,合盖时上下手柄必须完全重合。

3. 加入锅内的食物和配料(包括水)不得超过锅身容量的四分之三,易膨胀食物(如蒸煮豆类、玉米、海带等)不得超过锅身容量的二分之一。

4. 做稀饭、汤等,不能取下压力阀放气冷却,防止喷射烫伤人。

5. 压力阀内要经常清洗,易熔片每三个月更换一次,不得用其他材料代替。

6. 锅内不宜长久存放盐、碱、糖、醋等食物及蒸锅水等,以防腐蚀锅体。

7. 在饭菜做好以后,不能马上拿下压力阀或打开锅盖,要耐心等待锅里的高压热气释放出来后,才能拿下压力阀,打开锅盖。

二、烫伤的救治

烫伤了怎么办? 生活中发生烫伤,可以采取以下几种措施:

1. 对只有轻微红肿的轻度烫伤,可以用冷水反复冲洗,再涂些清凉油就行了。

2. 烫伤部位已经起小水泡的,不要弄破它,可以在水泡周围涂擦酒精,用干净的纱布包扎。

3. 烫伤比较严重的,应当及时送医院进行诊治。

4. 烫伤面积较大的,应尽快脱去衣裤、鞋袜,但不能强行撕脱,必要时应将衣物剪开;烫伤后,要特别注意烫伤部位的清洁,不能随意涂擦外用药品或代用品,防止受到感染,给医院的治疗增加困难。正确的方法是脱去患者的衣物后,用洁净的毛巾或床单进行包裹。

第四节　正确应对各种家庭意外

同步案例

最近,学生李香家突然有了蟑螂,妈妈很苦恼,买来许多蟑螂药,放在厨房里。李香不知道。一天,李香一人在家煮方便面吃,觉得一包调料味道不够,就想再加一包,意外发现了一包蟑螂药,外包装很好看,误认为是调料,就加进去吃了。妈妈回家发现蟑螂药没有了,急忙问李香。李香承认是她吃了。妈妈急得满头大汗,赶快送她去医院紧急处理,受了很多罪。

现在,一些家庭里仍然有蟑螂、臭虫、跳蚤与老鼠,父母会经常在厨房里放一些杀虫药。社区也经常开展消灭老鼠的活动。很多毒药的包装非常好看,让人看到后,时常会误食。怎样正确应对诸如李香在家庭发生的这类意外呢? 下面介绍了一些常见的情况,供一线教师在进行安全知识教育活动中参考和使用。

一、预防和处理燃气管道泄漏

1. 燃气管道泄漏的预防,可采取以下措施:

◆燃气热水器、取暖器等切勿安装于密闭浴室或通风不良处。

◆使用燃气器具前仔细阅读产品说明书,不要擅自连接燃气管道。

2. 当燃气管道发生泄漏时,主要可采取如下措施:

◆燃气泄漏时,千万不要点火源。

◆当燃气泄漏时,一定要注意防止其爆炸。燃气在空气中达到一定的量(占 4%～5%)时,就会和空气形成易燃烧爆炸的气体,极容易发生燃烧爆炸。

◆不要开关电灯。燃气的最小引爆电流为 70 毫安,40 瓦电灯开关时,触点火花的电能量达到 182 毫安,远远超过引爆电流,如果此时开关电灯极容易引爆,危险很大。

◆若燃气泄漏,必须开窗通风一定时间,待室内空气达到正常情况后,才能用火、用电。

◆燃气泄漏时,应避免摩擦、撞击。因为摩擦、撞击会产生火星,进而引爆气体,极易发生危险。

二、突然停水时的处理

遇到突然停水时,可采取如下措施:

◆如果是由于突发的供水管网破漏造成的停水,居民不可能有预见性,因此不能提前储水。

◆自来水公司会在居民用水高峰时(早、中、晚做饭时间),派应急供水车到居民小区,居民可下楼打水应急。

◆如果是由于供水企业更换供水管线上的老旧闸门、老化的管线等需要停水作业,在此之前,供水单位将会在停水范围内的居民楼前张贴告示,说明停水时间。

对大范围的停水,有关部门还会通过新闻媒体进行公告。

这时,居民可以用家中干净的容器储备一些自来水,以备生活之需。

三、水管爆裂的紧急处理

在日常生活中,当突然面对水管爆裂的意外情况时,可以按以下步骤进行处理:

◆无论水是滴漏还是喷涌而出,此时最应做的就是立刻关闭该供水管的阀门,并向当地的物业部门报修。

◆如果水管爆裂情况严重,可以用毛巾包裹住水管的破裂部分,这样既可以阻止水流四处喷射,也可以将水流引入放置好的水桶中,以免造成巨大浪费。同时还可关闭住户室内总水管的阀门,完全截止屋内的自来水供应。

四、水管或卫生间器具漏、溢水时的处理

当家里的水管或卫生器具漏水或是溢水时,可采取如下措施:

◆自己动手。如果是简单的问题,及早自己处理一下,就能防止发生大问题。

◆马上向家长报告。直接或者以打电话的形式都可以,让家长及时处理。发现轻微的滴漏、渗水、溢水,不能认为没有大问题,任其随意发

展下去,要打电话先把情况告诉家长。

◆及时通知物业管理人员,请他们马上处理。

五、突然停电时的紧急处理

平时在家里写作业,会突然遇到停电的问题,心里千万不要紧张,可采取如下措施:

◆发现停电后,要查明停电的原因。到邻居家问一问,如果都停电了,就不要着急了。

◆可以给供电公司打电话,也可以给小区的物业打电话,通知他们来检修。

◆如果发现只是自己家停电了,最好不要自己修理,应该及时通知妈妈与爸爸,让他们来处理。

◆如果长时间没有恢复供电,使用蜡烛、煤油灯或者汽灯时,要注意用火,谨防失火。

六、电器着火时的处理

当遇到电器着火时,可以采取以下措施:

◆发现家里的用电设备着火时,头脑要清醒,不能发愣,更不能出现行为异常。

◆绝对不能用水去灭火,不能用手去抓着火电器的开关、插头、电线。要立刻切断总电源,然后积极灭火。

◆如果火势不大,可以用家里的被子捂住着火的电器设备,阻断氧气的供给,火自然就熄灭了。

◆如果火势迅猛,要立刻远离,马上到门口喊人,或者迅速拨打"119"求救。

◆如果是电视机、电脑显示器着火,要立刻远离,防止荧光屏爆炸,炸伤自己。

平时要加强预防,主要体现在:

◆出门前,要把家里的电器开关全部关闭。

◆不要在雷电天气看电视、用电脑,防止被电流击穿,造成电器设备短路失火。

◆不要在一个电源插板上插很多的插头,以免造成电源插板负荷过重,温度过高,自燃着火。

◆不要长时间使用电器,以免电器零件过热烧毁。

七、意外接到陌生人电话时的处理

现在几乎每个家庭都安装了电话,把人们的距离拉近了。但要警惕"电话杀手"的出现。如果意外地接到了陌生人的电话,可以采取如下措施:

◆接到任何陌生人的电话,都要立刻警惕起来,不能随意与陌生人交流,更不能按照陌生人的旨意办事,也不能受陌生人语言的干扰。

◆如果是无聊的骚扰电话,当即挂断。

◆如果是试探性的电话,要马上挂断。

◆如果是推销产品的电话,也要立即挂断。

◆如果是找妈妈爸爸的电话,告诉他们打手机,或者往办公室打,但不告诉对方电话号码。

◆还有一种电话要警惕,陌生人说妈妈或者爸爸发生了意外,需要你带着钱去某某医院送钱、送物品,或者说一会儿开车出来接等等的话,一定要冷静,不能盲目相信,可以马上打电话给妈妈、爸爸,一切就会水落石出。

◆如果是打着学校老师的旗号,要及时与老师、同学核实情况,千万不能着急出门。

同时,要注意不能泄露家庭住址、人口情况等内容。

八、陌生人叫门时的处理

当发生陌生人敲门的情况时,要注意:

◆无论陌生人以任何借口敲门准备进来,你都不能开门。这是原则问题,一定要记牢。

◆及时打电话通知家长,或者报警。

◆陌生人见你不开门,继续纠缠的话,就大声警告他要打电话报警,或者喊邻居出来,把陌生人吓跑。

◆也可以开动脑筋,把陌生人骗走。可以说:"我爸爸在里面睡觉,我一会儿叫醒爸爸再说。"也可以说:"爸爸在卫生间方便呢,现在不方便,一会儿就出来了"等等。

◆如果陌生人编出的理由很充分,一时很难识别,也不要开门,要主动打电话询问核实,在没有把情况问清楚前,一定坚持不开门的基本原则。

◆另外,还可以通过猫眼孔,认真观察陌生人的形态、长相及衣着,寻找细微的破绽。发现异常,立刻报警。

九、歹徒强行入门时的处理

如果发生歹徒强行入门时,一定要注意:

(一)呼救求援

家中有电话的,应迅速拨打"110"报警电话。

(二)智斗罪犯

先尽力与其周旋,不让对方伤害自己,择机脱身报警。

"空城计"是智斗强行入室歹徒的一种好方法,但在使用时一定要镇静自如,不能被对方看出破绽。家住平房又有后门的学生,遇到歹徒强行入室,还可悄悄地从后门出去报警,或向邻居告急求援。

十、受到不法分子侵害如何报警

中小学生受到违法犯罪分子的直接威胁和侵害,仅凭同学们自身的力量很难防范,最有效的方法就是向公安部门报告,具体应注意:

匪警电话的号码是110。这个号码应当牢记,以便发生异常情况时及时拨打。

拨打110电话,要简明。简单准确地向公安部门报告案件发生的地点、时间、当事人、案情等内容,以便公安部门及时派员处理。

打报警电话是事关社会治安管理的大事,千万不要随意拨打或用以开玩笑。

十一、家庭安全状况的检查

要拥有一个安全的家,就要时常对家庭的安全状况进行检查,主要应检查以下事项:

◆是否在家从事易燃易爆物品生产、加工、经营活动。

◆家中是否存放硫酸、盐酸等腐蚀品,是否过量存放遇湿易燃的消毒剂。

◆家中所用保险丝是否合格,是否有铜丝、铁丝代替现象。

◆易燃物品是否远离火炉和燃气炉灶。

◆家用电器出现故障是否仍在带病工作。

◆是否用汽油等易燃液体帮助生火。

◆插头、插座是否牢靠,是否处于干燥状态。

◆家中是否存放超过0.5公斤的汽油、酒精、香蕉水等易燃易爆物品。在使用汽油、香蕉水时是否远离明火。

◆燃气管道安装是否牢固,软管是否老化。燃气管道、阀门处是否漏气。有燃气炉灶的房间是否通风良好。

◆家中电线有无老化、破损现象,电气线路有无超负荷使用情况。

◆是否按使用说明书正确使用家用电器。

◆照明灯具是否离可燃物太近。

◆炉灰在倒之前是否完全熄灭。

◆楼梯、过道、阳台是否存放易燃物、可燃物。

◆家中的废纸、书报是否经常清理,家庭药箱是否经常清理,过期药品是否及时清除。

◆炉火与燃气炉灶是否同室使用。

◆每日睡觉前或离开住所前,是否拔掉电源插头,是否熄灭香烛等明火,是否关掉燃气炉灶的气源开关等。

◆家中是否配置了简易灭火器具,是否制定了火灾逃生方案。

◆家庭装修材料是否使用防火、耐火材料,新购家具或新装修的房间是否进行了充分通风。

◆火柴、打火机和尖利的刀具等物品是否放在儿童不易取到的地方。

第五节　用药安全

一、什么是假药?

有下列情形之一的为假药:药品所含成分与国家药品标准规定的成分不符的;以非药品冒充药品或者以他种药品冒充此种药品的。

有下列情形之一的按假药论处:国务院药品监督管理部门规定禁止使用的;依照药品管理法必须批准而未经批准生产、进口、或者必须检验而未经检验即销售的;变质的;被污染的;使用依照药品管理法必须取得批准文号而未取得批准文号的原料药生产的;所标明的适应症或者功能主治超出规定范围的。

二、什么是劣药?

药品成分的含量不符合国家药品标准的为劣药。

有下列情形之一的药品按劣药论处:未标明有效期或者更改有效期的;不注明或者更改生产批号的;超过有效期的;直接接触药品的包装材料和容器未经批准的;擅自添加着色剂、防腐剂、香料、矫味剂及辅料的;其他不符合药品标准规定的。

三、怎样识别假劣药品?

从药品批准文号上识别:批准文号必须在成品包装上予以说明,未注明者,即假药。除批准文号外,药品包装上还必须注明生产企业名称、注册商标、产品批号等标识,如无上述标识者,即为"三无"药品,亦即假药。

从药品效期上识别:药品效期分有效期和失效期。超过有效期(达到失效期)的药品,即劣药。识别药品是否超过有效期要结合药品的生产批号和有效期限判断。药品的生产批号一般采用六位数来表示,前二位数表示年份,中间二位数表示月份,末二位数表示生产的流水号。如药品批号为210301,表示该药品是2021年3月份生产的第一批药品;亦有在批号后面再加分号或中间以短线相连,如210301-2表示该批药品是2021年3月份生产的第一批药品的第2亚批。如果该药品的有效期为3年,它的失效期应标明2024年4月或2024.4,表示该药可使用至2024年3月31日。超过2024年3月31日之后,该药即为劣药,就不能再用了。

从药品外观性状上识别:识别药品外观性状是判断药品是否变质的一个很重要的方法。主要通过人的眼、鼻、舌等感觉器官来观察、品尝。片剂、胶囊剂是否受潮粘连、松片、裂片、变色或严重斑点、发霉等现象;滴眼剂有否结晶或絮状物产生;糖浆剂是否发酵、发霉;软膏剂有否酸败、产生异臭等。

外观性状发生变化的药品,可否继续使用,是否为假、劣药品,不能一概而论。如药片变色是常见的外观性状变化。变色若不影响内在质量,一般仍可服用,如有些糖衣的药片,外观颜色不均匀,而药片里的药物色泽、味道没有异常,则仍可服用;若变色已影响到内部药物,或潮解,则可能效果降低,甚至失效,不能再服用了。有些药品没有糖衣,变色就不能服用,如维生素C易被氧化变成深黄色,表明有相当一部分维生素C变成了无生理作用及有害的其他物质(古洛糖酸),该药即为劣药,不宜再用。

四、如何合理使用抗菌药?

合理使用抗菌药要牢记"三不"要点:

1. 不自行购买——抗生素是处方药,不要自己当医生,有病一定要去看医生;

2. 不主动要求——抗生素是用来对付细菌的,所以要在确定为细菌感染时才有疗效,这就需要专业的评估。如果是感冒就医,有百分之九十的感冒都不是细菌感染,而且抗生素并不能加快康复,因此,不必主动向医师要求开抗生素。

3. 不随便停药——抗生素治疗针对不同的细菌及目的,有一定的疗程,一旦需要使用抗生素来治疗,就要按时服药,直到药物吃完为止,以维持药物在身体里的足够浓度,以免制造出抗药性细菌而让其伺机而起。

五、药品与保健品区别在哪?

药品是用于疾病的治疗、诊断和预防的。药品的作用就是治病救人,它与人的生命息息相关。保健品顾名思义,就是用来保健和辅助治疗用的。

两者之间的准入条件有着明显的区别。药品配方的组成须经国家有关部门严格审查,通过大量的临床验证,通过药理、药动、毒理试验后再经多年的临床实验观察,获鉴定批准后,方可以上市。药品须明确标注适用范围、禁忌和不良反应、服法用量等内容,上市后的药品须进行不良反应监测,对毒副作用大、疗效不确切的药品要进行淘汰,药品生产实行严格的质量控制,其质量保证体系必须经国家强制认证。而保健品只是用来保健和辅助治疗用的,一般只需要通过安全性评价和功能性评价、卫生学检验,而不需经过医院临床实验等便可投入市场。它没有明确的治疗作用,不需要经过临床验证。

六、如何识别违法药品、医疗器械、保健食品广告?

1. 首先查看广告中是否有经食品药品监督管理部门批准的广告批准文号。合法的药品、医疗器械、保健食品广告应该在刊发广告时,同时标出广告审查批准文号。

2. 经审查批准的广告中不应含有以下内容:

(1)广告中含有绝对化的语言:如根治、根除、不反弹、药到病除、国家级、最先进科学、最高技术等用语。

(2)广告中含有"无效退款"、"保险公司保险"、"无毒副作用"、"服用1至几个疗程病症全无"等承诺。

(3)广告中含有利用医药科研单位、学术机构、医疗机构或医生为产品的功效作证明和肯定,或者声称该产品被某学术机构、政府部门、医疗机构或医生推荐为治疗疾病、康复保健的唯一最佳产品等内容。

(4)广告中含有治愈率、有效率以及获奖内容。

(5)广告中有患者来信、感谢信等为产品的功效证明、声称使用该产品后,病症减轻或痊愈等内容。

(6)保健食品广告中,声称可以治疗某种疾病,例如可以治疗糖尿病、肿瘤等内容。

七、如何识别药品批准文号

药品上市销售必须获得国家食品药品监督管理局核发的药品批准文号,进口药品须获得《进口药品注册证》或《医药产品注册证》(港、澳、台地区)。

目前上市流通的国产药品批准文号格式为:

国药准(试)字＋1位字母＋8位数字,其中字母用 H、Z、B、S、T、F、J 分别表示化学药品、中药、保健药品、生物制品、体外化学诊断试剂、药用辅料和进口分包装药品。

《进口药品注册证》证号格式位:H(Z、S)＋4位年号＋4位顺序号。

《医药产品注册证》证号的格式为:H(Z、S)C＋4位年号＋4位顺序号。

其中,H 代表化学药品,Z 代表中药,S 代表生物制品。

对于购买的药品,如果有疑问,可以登录国家食品药品监督管理局网站 http://www.sda.gov.cn"基础数据查询"栏目进行查询,了解该药品是否获准生产、销售。

八、如何识别药品有效期？

从 2002 年 12 月 1 日起，所有的药品都必须标明有效期。没有有效期或超过有效期的药品都是劣药。所谓有效期，是指药品在说明书规定的储藏条件下质量能够符合规定的期限。国家食品药品监督管理局规定，药品标签中的有效期应当按照年、月、日的顺序标注，年份用四位数字表示，月、日用两位数表示。其具体标注格式为"有效期至××××年××月"或者"有效期至××××年××月××日"；也可以用数字和其他符号表示为"有效期至××××. ××."或者"有效期至××××/××/××"等。

预防用生物制品有效期的标注按照国家食品药品监督管理局批准的注册标准执行，治疗用生物制品有效期的标注自分装日期计算，其他药品有效期的标注自生产日期计算。

有效期若标注到日，应当为起算日期对应年月日的前一天，若标注到月，应当为起算月份对应年月的前一月。

九、抗菌素药为什么凭处方才能购买？

由于较长一段时间人们对药物治疗疾病过于相信和崇拜，忽视了药物有不良反应的发生，尤其是抗生素的广泛应用，在治疗疾病中起到了一定的效果，至目前为止也引起了很多不良反应，如氨基糖苷类抗生素引起耳毒性作用，青霉素类抗生素引起过敏反应等，对人体造成了一定的伤害，故现在国家食品药品监督管理局对药物的安全问题已放在头等位置，开展的合理使用抗生素的宣传活动是让老百姓在使用药物时要注意其不良反应，及早发现问题，及时停药，及时就诊，减少不必要的伤害。现在规定凡是需用抗生素用药的患者均需凭医生处方，这样做的目的是使患者能在医生的指导下用药，这样也是对患者的用药安全负责。

十、用药的七种心理误区

药物是人类与疾病做斗争的武器，正确用药能及时减轻病痛，恢复健康。可是有不少病人却存在着下列一些用药的心理误区。

1. 求快心理。有些患者求愈心切,希望药到病除。用药后体温不降,就一天跑几家医院。其实这种做法徒劳无益,甚至是有害的。

2. 求新心理。随着医药发展,新药层出不穷,有些患者就只吃新药不愿服老药。其实新药并非万能药,也有毒副作用,不见得都比老药好。有些老药用了数十年经久不衰;而有些新药却因疗效不确切,毒副作用大而昙花一现。

3. 求洋心理。认为进口药总比国产药好。其实并非如此。有些国产药在国外也畅销,尤其是中成药,在世界上是很有地位的。

4. 求多心理。有些病人要求多开药,认为药多疗效佳。其实药物之间存在着配伍禁忌,用药不当,会产生耐药性、过敏反应,加重某些脏器负担,反而不利病体康复。

5. 求补心理。认为"有病必虚、体虚必补",从而一味追求滋补。其实中医治病,讲求辨证施治。实证忌补,虚证也未必一定要用补药。不经辨证施治,乱吃补药,有弊无利。

6. 求贵心理。有些病人认为药价高就是好药,所以吃药先看药价。其实,药价高与工艺复杂等因素有关,与疗效并非一定成正比。用药关键在对症,并非在于药价贵贱。

7. 迷信抗生素心理。抗生素用途广、疗效高,深受病人青睐。可是,有些病人一旦发烧,不分青红皂白就用先锋霉素。其实,对于病毒感染,抗生素是无能为力的。滥用抗生素会造成肠道菌群失调,甚至造成体内真菌感染。

十一、什么叫药物依赖性?

药物成瘾性和习惯性早为人们所知。但由于人们在使用上述两术语时常出现混淆现象,所以有必要确定一个更为科学的术语。为此世界卫生组织专家委员会于 1964 年用"药物依赖性"这一术语取代了"成瘾性"和"习惯性",并于 1969 年对药物依赖性的含义作了如下描述:

药物依赖性是由药物与机体相互作用造成的一种精神状态,有时也包括身体状态,表现出一种强迫性地要连续或定期服用该药的行为和其他反应,目的是要感受它的精神效应,有时也是为了避免停药引起的不适,可以发生或不发生耐受。用药者可以对一种以上药物产生依赖性。

简而言之,药物依赖性是反复地(周期性或连续性)用药所引起的人体心理上或生理上或两者兼有的对药物的依赖状态,表现出一种强迫性的要连续或定期用药的行为和其他反应。

十二、如何认识药品通用名和商品名?

药品的通用名是中国药典或国家药品标准规定的名称,是同一种成分或相同配方组成的药品在中国境内的通用名称,具有强制性和约束性。因此,凡上市流通的药品必须标注其通用名称。

然而,同一种药品却可以有许多个不同的商品名,而且,不同商品名的药品售价也大不一样。因而消费者有理由,也有必要弄清药品名称的异同,从而明明白白地消费。

如前所述,通用名是国家规定的,药品标签、说明书或包装上必须要用;而商品名则是药品制造商根据自己的经营理念,为创造企业的品牌而精心设计的,是为了占有更广阔的市场,从而获得更大的发展空间和利益。由于在设计、培植、拓展品牌的过程中,需要大量资金的投入,因而,品牌药品的价格一般比同类没有进行品牌包装的药品要高,有些甚至要高许多。如:一种外用治疗真菌感染的常用药——硝酸咪康唑软膏,使用通用名的产品每支售价约 1.8 元,而成为知名品牌的"×××"软膏,则价格提升 5 倍有余;常用药氯霉素眼药水每支 1.0 元,而主药成分、适应症和氯霉素一样的"××"眼药水价格则为 9.0 元左右。另外,有时一个成分完全相同、通用名也一样的药品却同时拥有多个商品名,如罗红霉素就有红必克、严迪、必素林、罗力得、乐喜清、仁苏、芙欣、蓓克、太儿欣、丽珠星、浦虹、候舒等多个商品名,因而也有许多不同的价格,类似的情况还很普遍并有升温的趋势。客观地讲,这种企业经营战略的行为也是市场经济的必然结果,但作为消费者要多长个心眼,要能辨别通用名和商品名的异同。

关于通用名和商品名字体大小的比例,国家食品药品监督管理局出台的《药品包装、标签和说明书管理规定》也有详细说明,规定商品名不得大于通用名,其字体以单字面积计比例不得大于1∶2,即商品名的字体不能过大,通用名的字体不能过小,这样规定主要是方便消费者对通用名的关注。但是一些制造商虽然按规定设计了字体的大小比例,却又巧妙地在字体的色彩和色调上做起了文章,把通用名的色调设计的很浅或与基底色调近似,从而起到淡化的效果,而商品名的字体和色彩则醒目、突出,从而彰显其品牌。

综上所述,通用名是药品结构特征或复方成分的表述,力求反映事物的本来面目;而商品名是企业对该产品所赋予的市场价值的包装,是企业经营思想的体现。

第四讲　交通安全

第一节　交通安全概述

据统计,2021年我国交通事故死亡人数达6万多人。这一让人触目惊心的数字背后,这一起起惨烈的事故背后,有多少家庭失去了亲人,有多少欢乐变成了悲剧,有多少幸福化为乌有。在每一起交通事故背后,是一个个家庭失去了顶梁柱,是一个个白发人送走了黑发人,是一个个孩子与父母阴阳两隔。是什么原因导致我们道路交通事故频频发生?据交通警察调查统计,在所有的交通事故中,除极少数属意外原因造成,75%以上的事故是驾驶员或行人的人为因素造成的。引发事故的主要原因有无证驾车、超载、超速行驶、疲劳驾车、酒后驾车、强行超车、行人不守交通规则等。

综观各类交通事故,我们不难发现,我国交通事故频发的根本原因,就是人们不珍惜生命,不遵守交通规则。生命对于一个人来说,只有一次,应该爱护,应该珍惜。出入平安,这是大家都希望的。然而,很多人却为图"方便"或为了眼前的利益而违反交通法规。殊不知,许多交通事故的发生往往源于某些不经意的违法行为。在他们当中,有一部分是对交通法规不甚了解,对安全常识掌握不多,有一些人是抱着侥幸心理,明知故犯。所以学习和遵守交通法是每一个人珍惜自己和他人生命,使交通秩序安全有序而必须履行的义务。有人比喻,道路交通法规是用亲人的泪水,死者的血泊,伤者的呻吟和肇事者的悔恨换来的。

一、什么是道路交通安全法

道路交通安全法是指《中华人民共和国道路交通安全法》,已由中华人民共和国第十届全国人民代表大会常务委员会第五次会议于 2003 年 10 月 28 日通过,自 2004 年 5 月 1 日起施行。后分别于 2007 年、2011 年、2021 年作过三次修正。它是我国道路交通安全管理即将实行的一部"交通法"。

二、道路交通安全法的主要内容

中华人民共和国境内的车辆驾驶人、行人、乘车人以及与道路交通活动有关的单位和个人,都应当遵守本法。

各级人民政府应当经常进行道路交通安全教育,提高公民的道路交通安全意识。

机关、部队、企业事业单位、社会团体以及其他组织,应当对本单位的人员进行道路交通安全教育。

教育行政部门、学校应当将道路交通安全教育纳入法制教育的内容。

还对驾驶车辆、骑车、行人、乘车人、高速公路和道路管理以及交通违章处罚等,都作了比较具体的规定。

1. 全国实行统一的道路交通信号

交通信号包括交通信号灯、交通标志、交通标线和交通警察的指挥。

交通信号灯由红灯、绿灯、黄灯组成。红灯表示禁止通行,绿灯表示准许通行,黄灯表示警示。

学校、幼儿园、医院、养老院门前的道路没有行人过街设施的,应当施划人行横道线,设置提示标志。

2. 道路通行规定

根据道路条件和通行需要,道路划分为机动车道、非机动车道和人行道,机动车、非机动车、行人实行分道通行。没有划分机动车道、非机动车道和人行道的,机动车在道路中间通行,非机动车和行人在道路两侧通行。

车辆、行人应当按照交通信号通行;遇有交通警察现场指挥时,应当按照交通警察的指挥通行;在没有交通信号的道路上,应当在确保安全、畅通的原则下通行。

3. 高速公路的特别规定

行人、非机动车、拖拉机、轮式专用机械车、铰接式客车、全挂拖斗车以及其他设计最高时速低于七十公里的机动车,不得进入高速公路。高速公路限速标志标明的最高时速不得超过一百二十公里。

任何单位、个人不得在高速公路上拦截检查行驶的车辆,公安机关的人民警察依法执行紧急公务除外。

4. 法律责任

对道路交通安全违法行为的处罚种类包括:警告、罚款、暂扣或者吊销机动车驾驶证、拘留。

行人、乘车人、非机动车驾驶人违反道路交通安全法律、法规关于道路通行规定的,处警告或者五元以上五十元以下罚款;非机动车驾驶人拒绝接受罚款处罚的,可以扣留其非机动车。

机动车驾驶人违反道路交通安全法律、法规关于道路通行规定的,处警告或者二十元以上二百元以下罚款。本法另有规定的,依照规定处罚。

饮酒后驾驶机动车的,处暂扣六个月机动车驾驶证,并处一千元以上二千元以下罚款。因饮酒后驾驶机动车被处罚,再次饮酒后驾驶机动车的,处十日以下拘留,并处一千元以上二千元以下罚款,吊销机动车驾驶证。

醉酒驾驶机动车的,由公安机关交通管理部门约束至酒醒,吊销机动车驾驶证,依法追究刑事责任;五年内不得重新取得机动车驾驶证。

饮酒后驾驶营运机动车的,处十五日拘留,并处五千元罚款,吊销机动车驾驶证,五年内不得重新取得机动车驾驶证。

醉酒驾驶营运机动车的,由公安机关交通管理部门约束至酒醒,吊销机动车驾驶证,依法追究刑事责任;十年内不得重新取得机动车驾驶证,重新取得机动车驾驶证后,不得驾驶营运机动车。

饮酒后或者醉酒驾驶机动车发生重大交通事故,构成犯罪的,依法追究刑事责任,并由公安机关交通管理部门吊销机动车驾驶证,终生不得重新取得机动车驾驶证。

第二节　道路交通安全常识

"衣"、"食"、"住"、"行",是人们生活中的四件大事。"行"就是交通。当我们迈开双脚走路,就同交通发生了联系。所以,人是离不开交通的,人一离开交通,就会寸步难行。

人参与道路交通活动,可以走路、骑车,也可以驾车和乘车。由于他们采取的交通方式不同,称呼也不同。我们将走路的人统称为"行人",把骑自行车的人称为"骑车人",把开汽车的人称作"驾驶员"或"司机",把乘坐车辆的人称为"乘车人"。

在交通活动中,行人、骑车人、驾驶员、乘车人,应该互相尊重,互相关心,互相帮助;还应该遵守交通法规,维护交通秩序,讲究文明,注意安全。

一、汽车的性能

在一般情况下,汽车在行驶中,如遇到危险情况,驾驶员踩刹车减速或停车就可能避免交通事故。但是,遇到紧急突然情况,如行人或骑车人在车辆临近时横穿马路,尽管驾驶员采取紧急刹车的措施,也难免发生撞车、撞人的事故。同学们,你们都知道惯性的原理,驾驶员从发现危险到采取紧急刹车到汽车完全停止,需要两个过程,即"制动停车过程"和"制动停车距离"。这就如同你在奔跑中突然停下来,还受惯性的作用,不由自主地向前冲击几乎一样。汽车行驶速度越快,惯性力越大,制动停车距离越长。因此,汽车不是一刹车就能停止的。

检测结果表明,当汽车以每小时 40 公里的速度行驶行进时,从司机发现情况急刹车到制动有效,车会向前继续行驶 18.82 米远,才能停住;而在雨、雪天气,由于路面较滑,会向前继续行驶达 24 米。

在日常生活中,有许多人不懂得汽车惯性的道理,以为汽车只要一刹车就立即停止,于是便毫无顾忌地在行驶着的汽车前横过马路或从停着的车头、车尾突然走向车行道上,结果被汽车撞倒了。这种案例时常出现,特别是农村公路和学生更为突出。对于这种情况,汽车驾驶员也无可奈何。如果出现类似的交通事故,横穿马路的人往往要负主要责任。

汽车转弯:当汽车的方向灯一闪一闪时,它告诫人们,汽车要转弯时所占用的空间宽度大于车辆本身的宽度。这是因为汽车在转弯时,前后轮不会在同一条弧线上,而是有一定的距离差距,这个差别就叫"内轮差"。由于这种"内轮差",使汽车转弯时,前轮可能通过道路的某一物体,而后轮却不能通过。

懂得了汽车转弯时的基本原理后,我们在道路上碰见转弯的车辆时,不能靠车辆太近,不要以为汽车的车头可以过去,就没有事情了。其实,如果你离转弯的汽车太近,就很可能被车尾撞倒应该离转弯的车辆横距一公尺以外。

二、交通常识

1. 人行横道

马路上用白色平等线像斑马纹那样的线条组成的长廊就是"人行横道线",它是专门为行人横过马路而漆划的,行人在这里过马路比较安全。法律规定,汽车在行驶过程中,遇到斑马线应当减速慢行,遇到有行人从斑马线上横穿马路,汽车应当停下来让行人先过。行人横穿车行道时必须行走在人行横道线内,设置有人行横道信号灯的,还必须按信号灯指示通行。

2. 交通信号灯

在繁忙的十字路口,四面都悬挂着红、黄、绿三色交通信号灯,它是不出声的"交通警"。红绿灯是国际统一的交通信号灯。

(1)指挥灯信号

绿灯亮时,准许车辆、行人通行,但转弯的车辆不准妨碍直行的车辆和被放行的行人通行;黄灯亮时,不准车辆、行人通行,但已越过停止线的车辆和已进入人行横道的行人,可以继续通行;红灯亮时,不准车辆、行人通行;绿色箭头灯亮时,准许车辆按箭头所示方向通行;黄灯闪烁时,车辆、行人须在确保安全的原则下通行。

（2）人行横道灯信号

绿灯亮时,准许行人通过人行横道;黄灯闪烁时,不准行人进入人行横道,但已进入人行横道的,可以继续通行;红灯亮时,不准行人进入人行横道。

3. 隔离设施

交通隔离设施主要有行人护栏和隔离墩或绿化隔离带。行人护栏是用来保护行人安全,防止行人横过马路走入车行道和防止车辆驶入人行道的。隔离墩或绿化隔离带是设在车行道上用来隔离机动车与非机动车或来往车辆的。我们不要跨钻护栏和隔离墩或绿化隔离带走进车行道,否则有被车辆撞倒的危险。

人车分流,各行其道。每当你走在路上,就会看到许多行人和车辆来来往往,川流不息。如果行人和车辆爱怎么走就怎么走,那么就会交叉冲突,发生混乱。交通道路上用"交通标线"画出车辆、行人应走的道路:机动车走"机动车道",行人应走人行道。

4. 交通标志

在道路上,我们可以看到各式各样的交通标志。它们用图案、符号和文字来表达特定的意思。告诉驾驶员和行人注意附近环境情况。这些标志对于安全非常重要,被称为"永不下岗的交通警"。

道路交通标志分为主标志和辅助标志两大类。主标志又分为:警告标志、禁令标志、指示标志、指路标志、旅游区标志和道路施工安全标志。

（1）警告标志

警告标志是警告车辆和行人注意危险地点的标志。其形状为正等边三角形，颜色为黄底、黑边、黑图案。

（2）禁令标志

禁令标志是禁止或限制车辆、行人交通行为的标志。其形状通常为圆形，个别为八角形或顶点向下的等边三角形。其颜色通常为白底、红圈、红斜杠和黑图案，"禁止车辆停放标志"为蓝底、红圈、红斜杠。

（3）指示标志

指示标志是指示车辆、行人行进的标志。其形状为圆形、正方形或长方形，颜色为蓝底白图案。

（4）指路标志

指路标志是传递道路方向、地点和距离信息的标志。其形状，除地点识别标志、里程碑、分合流标志外，为长方形或正方形。其颜色，一般道路为蓝底白图案，高速公路为绿底白图案。

三、行人必须遵守下列规定

1. 须在人行道内行走，没有人行道的，须靠边行走。
2. 横过车行道，须走人行横道。
3. 不准穿越、倚坐道口护栏。
4. 不准在道上扒车、追车、强行拦车或抛物击车。
5. 列队通过道路时，每横列不准超过两人；儿童的队列，须在人行道上行进。

四、横穿马路注意事项

横穿马路，可能遇到的危险因素会大大增加，应特别注意安全。

1. 穿越马路，要听从交通民警的指挥；要遵守交通规则，做到"绿灯行，红灯停"。
2. 穿越马路，要走人行横道线；在有过街天桥和过街通道的路段，应

横过马路要走人行横道，行人横过设有人行过街天桥或地下过街通道，应当从过街天桥或地下过街通道通过。

有人行道须走人行道，没有人行道的地方要靠路边行走。

应该这么做！

自觉走过街天桥和地下通道。

3. 穿越马路时，要走直线，不可迂回穿行；在没有人行横道的路段，应先看左边，再看右边，在确认没有机动车通过时才可以穿越马路。

红灯停、绿灯行，过马路须走大行横道

应该这样做！

行人通过有交通信号灯的人行横道，必须严格按交通信号灯指示通行。

不行，现在有车辆通过，等一下再过吧！

现在能过马路吗？

通过没有交通信号灯、人行横道的路口，或者在没有过街设施的路段横过道路，应当在确认安全后通过。

4. 不要翻越道路中央的安全护栏和隔离墩。

5. 不要突然横穿马路,特别是马路对面有熟人、朋友呼唤,或者自己要乘坐的公共汽车已经进站,千万不能贸然行事,以免发生意外。

五、乘车人必须遵守下列规定

汽车、电车等机动车,是人们最常用的交通工具,为保证乘坐安全,应注意以下各点:

1. 乘坐公共汽(电)车,要排队候车,按先后顺序上车,不要拥挤。上下车均应等车停稳以后,先下后上,不要争抢。

2. 不要把汽油、爆竹等易燃易爆的危险品带入车内。

3. 乘车时不要把头、手、胳膊伸出车窗外,以免被对面来车或路边树枝等刮伤;也不要向车窗外乱扔杂物,以免伤及他人。

4. 乘车时要坐稳扶好,没有座位时,要双脚自然分开,侧向站立,手应握紧扶手,以免车辆紧急刹车时摔倒受伤。

5. 乘坐小轿车、微型客车时,若在前排乘坐应系好安全带。

6. 尽量避免乘坐卡车、拖拉机;必须乘坐时,千万不要站立在后车厢里或坐在车厢板上。

7. 不要在机动车道上招呼出租汽车。

六、骑自行车常识及注意事项

自行车轻巧灵活,车速自便,维修简单,并且不使用燃料,无废气污染,无噪声,因此特别受人青睐。但是,自行车靠骑车人用双脚踩动踏板,由链条来带动后轮向前滚动,在行进时要用双手握住车把来掌握重心,控制方向。所以稳定性差、安全性差。一碰即倒,一倒人就有可能受伤。

从保证交通安全出发,《中华人民共和国道路交通管理条例》明文规定,未满12周岁的儿童不准在道路上骑自行车。而当你已经达到法定的骑车年龄,准备骑车时,则必须认真地学一学有关骑自行车的规定,要掌握骑自行车的基本要领。

自行车首先应该保持机件完好,安全设施齐全,牌、证齐全。出发之前,应该先检查一下铃、锁、刹车、车轮、踏脚、链条、撑脚、坐垫等是否完好有效。

学骑自行车时,应选择人车稀少的道路或广场、操场。禁止在交通繁忙地段学骑自行车。

当你已经掌握骑车技术,可以单独骑车时,你还应该掌握以下几条骑车规则:

1. 在非机动车车道内顺序行驶,严禁驶入机动车道。在没有划分非机动车道和机动车道的道路上行驶,应尽量靠右边行驶,不能在道路中间骑车,不要数车并行,逆向行驶。

2. 骑车至路口,应主动让机动车先行。遇红灯停止信号时,应停在停止线或人行横道线以内。严禁用推行或绕行的方法闯红灯。

3. 骑车转向时,要伸手示意。左转弯时伸出左手示意,同时要选择前后暂无来往车辆时转弯,切不可在机动车驶近时急转猛拐,争道抢行。

4. 自行车在道路上停放,应按交通标志指定的地点和范围有秩序地停放;在不设置交通标志的支路上停放也不要影响车辆、行人的正常通行。

5. 骑自行车载物,长度不能超过车身,宽度不能超出车把宽度,高度不能超过骑车人的双肩。骑自行车在市区道路上不准带人。

6. 骑自行车不准在道路上互相追逐,曲折竞驶,扶身并行。

7. 不准一手扶把,一手撑伞骑车。撑伞时,要下车推行。

骑自行车的安全问题是个大问题,在各类交通事故中,自行车事故要占总事故的一半以上。自行车给人们的交通带来了便利,同时也给人们带来了不幸。为此,我们应该严格遵守骑车规范,避免成为自行车的"牺牲品"。

七、中学生出行时应注意的事项

1. 在横过没有交通信号灯的人行横道时,应当左右看观察往来车辆的情况,确认安全后再过马路;不得在车辆临近时突然横过或者中途倒退、折返。

2. 过马路时要注意观察交通信号灯的变化。红灯亮时,不能过马路;绿灯亮时,也要看清左右确定没有车来,才可以过马路;如果马路过了一半时,信号灯变了,要赶快过马路,千万不要惊慌。

3. 晴天过马路,如有灰尘应回避一下,但不要盲目抢上风;雨雪天气,打伞、穿雨衣不要遮住视线,防止与车辆碰撞。

4. 过交叉路口,要注意交通信号,熟记红灯停,绿灯行。有些路口设置了红绿两种颜色的人行横道灯。绿灯亮时,准许行人从人行横道内通过;绿灯闪烁时,不准行人进入人行横道,但已进入人行横道的,可以继续通行;红灯亮时,不准行人进入人行横道,这时行人应在人行道上等候。

5. 要规范自己的走路行为。在城市街道,走路必须走人行道,在农村公路须靠路边行走。横过街道必须走"人行横道"、"人行天桥"或"地下通道",这样可以避免与车辆发生碰撞。

同学们,美好的人生从安全开始,只有保证了健康和安全,才能创造美好的未来,大家一定要培养文明的交通意识,养成自觉遵守交通法规的良好习惯。同时还要当好交通安全的宣传员,向别人宣传交通安全法律法规,更要帮助家长提高交通安全意识。只要大家始终把交通安全牢记在心,落实到行动,我们完全可以远离交通事故。

第三节　水上交通安全常识

我国水域辽阔,人们外出旅行,会有很多机会乘船,船在水中航行,本身就存在遇到风浪等危险,所以乘船旅行的安全十分重要。

1. 不乘坐冒险航行的船舶。为了保证航运安全,凡符合安全要求的船只,有关管理部门都发有安全合格证书。外出旅行,不要乘坐无证船只。

2. 不乘坐客船、客渡船以外的船舶。

3. 不乘坐超载船舶或人货混装的船舶,这样的船安全没有保证。

4. 上下船要排队按次序进行,不得拥挤、争抢,以免造成挤伤、落水等事故。

5. 天气恶劣时,如遇大风、大浪、浓雾等,应尽量避免乘船。

6. 不在船头、甲板等地打闹、追逐,以防落水。不拥挤在船的一侧,以防船体倾斜,发生事故。

7. 船上的许多设备都与保证航行安全有关,不要乱动,以免影响正常航行。

8. 夜间航行,不要用手电筒向水面、岸边乱照,以免引起误会或使驾驶员产生错觉而发生危险。

9. 一旦发生意外,保持镇静,听从有关人员指挥。

10. 集体乘船应注意:要有老师带队、指挥,上下船要排成队,不得打闹、随意走动;要听从船上工作人员指挥,维护好船上秩序。

听到沉船警报信号时(一分钟连续鸣七短声、一长声),需要弃船:

立即穿好救生衣,按各船舱中紧急撤离的图示方向离船。听从指挥,按次序登救生艇(筏)离船。

只带贵重物品,不要带食物和行李。

弃船后,应尽快远离船舶,防止下沉船舶造成漩涡,把人卷入。

第四节　铁路交通安全常识

行人和车辆通过铁路道口时应注意:

1. 行人和车辆在铁路道口、人行过道及平过道处,发现或听到有火车开来时,应立即躲避到距铁路钢轨2米以外处,严禁停留在铁路上,严禁抢行穿越铁路。

2. 车辆和行人通过铁路道口,必须听从道口看守人员和道口安全管理人员的指挥。

3. 凡遇到道口栏杆(栏门)关闭、音响器发出报警、道口信号显示红色灯光,或道口看守人员示意火车即将通过时,车辆、行人严禁抢行,必须依次停在停止线以外,没有停止线的,停在距最外股钢轨5米(栏门或报警器等应设在这里)以外,不得影响道口栏杆(栏门)的关闭,不得撞、钻、爬越道口栏杆(栏门)。

4. 设有信号机的铁路道口,两个红灯交替闪烁或红灯稳定亮时,表示火车接近道口,禁止车辆、行人通行。

5. 红灯熄白灯亮时,表示道口开通,准许车辆、行人通行。

6. 遇有道口信号红灯和白灯同时熄灭时,需停车或止步瞭望,确认安全后,方准通过。

7. 车辆、行人通过设有道口信号机的无人看守道口以及人行过道时,必须停车或止步瞭望,确认两端均无列车开来时,方准通行。

无人看守铁路道口　　　　　　有人看守铁路道口

第五节　飞行安全常识

一、在机舱内不能使用电子类产品

在飞机上,使用中的一些电子装置,特别是会发射电磁波的用品,将干扰飞机的通讯、导航、操纵系统,也会影响飞机与地面的无线信号联系,尤其在飞机起飞或下降时干扰更大,即使只造成很小角度的航向偏离,也可能导致机毁人亡的后果,是威胁飞行安全的隐形"杀手"。

二、乘坐飞机必须系好安全带

在飞机起飞或着陆前为什么乘务员总是要提醒并检查每位旅客是否系好安全带?因为飞机一般在飞行过程中,时速都在500公里以上,波音飞机时速可达900公里,即使在起飞或着陆时时速也在200多公里,这时要遇紧急情况,就会对人身安全造成一定的危险。如果旅客系好安全带,与飞机同步运动,可以避免惯性力对旅客的危害。乘机的旅客,为了确保旅途安全,当乘坐飞机时,请不要忘了系好安全带。

三、飞机空中发生的颠簸

飞机一般都在万米以下的对流层中飞行,由于空气对流原因,飞机就会出现颠簸现象。一般来说主要是受以下几个因素的影响:1. 受地形的影响:在山区、高原、沙漠地区飞行,地形使空气受到阻力,造成空气垂直运动;2. 受季节的影响:由于夏季雷雨较多,秋天的风较大,这两个季节颠簸会多一些。

四、为什么民航飞机没有降落伞?

如果您经常乘坐飞机,会发现飞机上没有配备降落伞。这是因为如果每个乘客都配备一顶降落伞,就会增加飞机的重量,而且会占去很多空间,影响飞机的营运能力;再说,乘客们并不是每个人都能掌握跳伞技术;最主要的是,飞机是在高空高速飞行,与一般的跳伞运动和低空离机不同,即使发生意外也无法打开舱门跳伞。如今,民航飞机的性能越来越先进,安全系数极高。根据数据统计,民航飞机的安全系数大于所有其他公共交通工具,因此乘客大可不必担心客机在飞行中会发生意外。

五、飞机空中飞行也有交通规则

根据飞机机型,航空管制部门规定了不同的航行高度:3000 米以下一般是小型飞机的活动范围,3000 米以上则是大中型飞机的活动范围,而且画出了 8~20 公里宽的固定航路。每条航路又分成了若干高度层,相邻高度层的高度都得低于 600 米。飞机在相对、交叉、超越飞行时,必须保持不得小于 600 米的垂直间隔,以确保飞行安全和交通顺畅。

六、飞机为何有时要复飞?

复飞,是保证飞行安全的措施之一,而复飞的原因是多种的:有的是因机场有障碍,有的是因为飞机本身有故障,更多的原因是天气坏,能见度低等。因为飞机着陆,有一个决断高度,当飞机下降到此高度时,驾驶员认为不具备着陆条件,就要加大油门,重新把飞机拉起复飞,然后再次进行着陆。多次复飞,驾驶员仍觉得不能达到着陆的要求时,为了安全,飞机就要改落备降机场了。

七、飞行中乘客发生疾病怎么办?

如果个别的旅客在飞机上得了疾病,也不必担心。飞机上配备有氧气、药箱、急救箱等急救用品,而且飞机上常会有医务工作者,可以帮助乘务员对病人进行治疗。如果情况极其危急,机组可以同地面取得联系,改变飞行计划,找最近的机场着陆,及时地对患者进行抢救。因此,病人的生命安全是有充分保障的。

八、飞机遇险自救小知识

现代客机安全性能都很高,但由于飞机是在空中高速飞行,一旦出现故障或其他原因,不能像其他交通工具那样可以随时停下来修理,因而势必要在飞行过程中采取紧急安全措施。

万一遇到飞机出现故障的情况,千万不能惊慌失措,要信任机上工作人员,服从命令听指挥,并积极配合进行救护工作。当出现飞机迫降的可能性时,应立即取下身上的锐利物品,穿上所有的衣服,戴上手套和帽子,脱下高跟鞋,将杂物放入座椅后面的口袋里,扶直椅背,收好小桌,系好安全带,用毛毯、枕头垫好腹部,以防冲击时受到身上锐利物品的伤害。

飞机迫降时,一般采用前倾后屈的姿式,即头低下,两腿分开,两手用力抓住双脚。身长、肥胖者可以挺直上身,两手用力抓住座椅的扶手,或用两手夹住头部。飞机未触地前,不必过分紧张,以免耗费体力。当听到机长发出最后指示时,旅客应按上述动作,做好冲撞的准备。在飞机触地前一瞬间,应全身紧迫用力,憋住气,使全身肌肉处于紧张对抗外力的状态,以防猛烈的冲击。

从遇险飞机脱困时,应根据机长指示和周围情况选定紧急出口。陆地迫降,出口一般在风上侧;水上迫降出口一般在风下侧。待飞机停稳,即解除安全带,然后在机务人员指挥下,依次从紧急出口处脱出。如果在水面上脱出,应将救生衣先充一半气,待急救船与机体连接好后再下,防止掉入水中。脱困后,应听从机务人员指挥,在指定地点集合。

第六节　交通事故

交通事故是谁都不希望遇到的,一旦发生交通事故,进行伤情判断和简易自救是很重要的,如果处置得当可以大大减轻伤者的痛苦和提高救助的成功率。

一、发生交通事故怎么办

交通事故是指车辆驾驶人员、行人、乘车人以及其他在道路上进行与交通有关活动人员,因违反《中华人民共和国交通法》和其他道路交通管理法规、规章的行为,过失造成人身伤亡或财产损失的事故。

"事故现场"是指发生交通事故的车、物、人、畜以及有关痕迹物证等所在空间场所。发生交通事故后,当事人应在交警到来之前,用绳索、石块等设置现场保护警戒线,以防止现场被破坏。因抢救伤者需移动伤者和车辆,要画好详细标记,以保护现场原貌。

发生事故后,当事人或目击者应将事故发生的时间、地点、肇事车辆及伤亡情况,迅速拨打电话"122"、"110"或委托过往车辆、行人报告附近交警部门。

在交通民警未到时,当事人绝不允许随便离开现场或私自处理。当事人肇事逃逸或者有意破坏、伪造现场、毁灭证据,使交通事故责任无法认定的,应当负全部责任。

当事人一方有条件报案而未报案或未及时报案,使事故责任无法认定的,应负全部责任;当事人各方有条件报案而均未报案,或未及时报案,使事故责任无法认定时,负同等责任。我们如果遇见交通事故,要立即帮助维护交通秩序,帮助打电话报警,记清车辆牌号,寻找伤者,帮助救护。发现事故双方有"私了"情况,要及时劝阻。

如果发生的交通事故除了应该注意以上几点外,还要特别留心以下几点:

1. 千万不要"私了",如伤势不重的情况下,及时寻求帮助,叫旁边的叔叔阿姨及时通知自己的父母或者老师,或者拨打"122"、"110"报警,通知警察赶到现场处理。

2. 一定要及时记住肇事车辆的车牌号、颜色、大小、形状,以防肇事车辆逃逸。

3. 不要移动伤者和车辆,一定要保护好现场以便认清事故责任。确实要移动的,也要画好详细标记。

二、交通事故中的自救

1. 常见症状:胸部剧痛、呼吸困难 怀疑伤情:肋骨骨折刺伤肺部

在交通事故中,撞击是驾驶员最易受到的伤害。被方向盘撞到胸部后,如果伤者感觉到剧痛和呼吸困难,应该怀疑其肋骨发生骨折。肋骨骨折之后,如果碎骨进入肺叶,刺破肺泡,可能形成血气胸,引起肺栓塞,甚至导致死亡。如果车速过快、撞击力量过大,在撞车的瞬间,收紧的安全带也可能造成肋骨骨折。

如果怀疑骨折,伤者不要贸然移动身体,避免碎骨对内脏造成新的伤害。

2. 常见症状:腹部疼痛 怀疑伤情:肝脾破裂大出血

大多数轿车的方向盘比较靠下,发生撞击时,肝脏和脾脏等器官最

易受到伤害。假如肝脾破裂,发生大出血时会有腹痛出现。但这种疼痛并非难以忍受,很多伤者的神志仍然清醒。

伤者要判断待在车里是否安全,如果车子有起火等隐患,则要缓慢地离开车。但最好不要长距离走动,同时动作要缓慢,即使是在等候急救车的时候也不要再随意走动。

3. 常见症状:肢体疼痛　怀疑伤情:肿胀骨折

骨折后最忌讳自己乱动或是被别人错误包扎。骨折后的每一次移动都有可能对以后的恢复造成负面影响。搬动伤者前一定要确定伤肢不会发生相对移动,否则血管和神经都可能在搬动时受到伤害,对以后的痊愈造成不好的影响。

如果请别人帮助包扎伤肢,最好找木板或是较直、有一定粗度的树枝,同时用三根固定带将两至三块木板在伤肢的上中下三个部位横向绑扎结实。

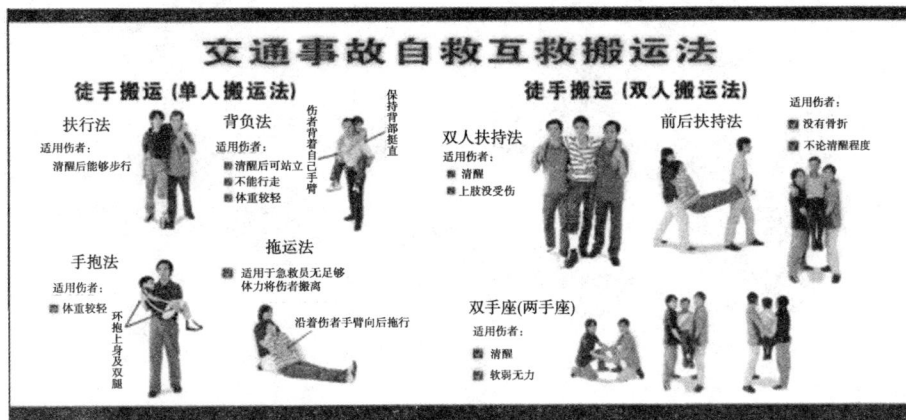

4. 常见症状:出血　怀疑伤情:外伤

撞击或其他原因可能会使司机的头颈部或胸部受外伤。颈部的血管是最重要的部分,最好先检查颈部是否出血。

在大量出血时最好能用毛巾或其他替代品暂时包扎,以免失血过多。等到医务人员到来后再用三角巾等仔细处理伤口。有的出租车司机很有经验,会在车上放上毛巾等物品。私家车主也不妨借鉴,在紧急情况下会派上大用场。

多数侧窗玻璃已作钢化或区域钢化处理,撞击后会破碎为一粒一粒的、没有棱角的玻璃;前风挡已开始使用夹层玻璃,撞击后会有网一样的裂纹黏结在一起而不会破碎。

5. 常见症状:脖子疼　怀疑伤情:颈椎错位

交通事故中,副驾驶座位乘员容易发生颈部损伤。如果感觉自己的颈椎或腰椎受到了冲击,应坚持请专业医护人员搬动。人的脊柱中有很

交通事故的现场互救

现场抢救应遵循的基本原则:

先人后物

——先抢救人员,后抢救财物。

先重后轻

——先抢救重伤人员,后抢救轻伤人员。

先他人后自己

——尤其是驾驶员、乘务员等要积极组织抢救乘客,不能只顾自己。

利用附近的电话向公安、交通、医疗救护部门呼救。就近向工矿企业、部队机关等单位紧急求援。也可拦截过往车辆求救。

遇伤员被挤压夹嵌在事故车辆内的,不要生拉硬拖,而应用机械拉开或切开车辆,再救出伤员。

遇车辆压住伤员,不要轻易开动车辆,应用顶升工具(千斤顶等)或者发动群众抬起车辆,再救出伤员。

伤员救出后,应对其进行必要的检查和急救,再将其转送医院。

多的神经,在不当的搬动中受伤的话很有可能形成永久性的伤害,甚至瘫痪。在搬动颈部损伤病人的时候要非常小心,要在有硬板担架的情况下用"平铲"的方式才能搬动,还要用颈托等固定。

坐车的人一般都比较放松,特别是坐在副驾驶座位上的乘员,司机会在遇到危险时本能地躲避,从而将副驾驶位置于直接撞击的地方,发生车祸时的危险性就更大。所以系好安全带对副驾驶乘员更重要。

如果是行人和骑自行车人被撞,头部直接撞到地上,很有可能出现脑出血;伤者也可能会昏迷、呕吐;此外,骨折的概率也很大。遇到这样的情况时,如果自己没把握就不要乱动,可在原地等急救中心的医务人员来处理。

第五讲　运动安全

近几年来,各大媒体不断报道学校体育教学、活动中由于各种主客观因素造成的伤害事故,给学校体育教育敲响了警钟。学校必须树立"健康第一,安全第一"的教育理念,进一步保证学生的人身安全,把学校体育活动中的安全工作做好、做实。

调查显示,学校体育活动过程中学生遭遇运动损伤的机率由高到低依次为校外体育活动、课外体育活动、体育课。这里的校外体育活动指学生个体或小群体在没有教师组织指导的情况下独自参加的社会体育活动。由于有些社会体育活动是自发的、零散的,因而缺乏有效的组织指导,对学生的安全也就没有保障。课外体育活动有大批同学或玩伴共同参与,可以互相照应和帮助,因而大大减少了受伤的几率。体育课由于有教师的指导和保护,从而学生受伤的机会更少。

体育锻炼本身是有一定危险性的,学生在运动过程中出现伤害事故时有发生,因此加强学校体育安全教育及学习如何预防与处理运动损伤是势在必行的举措。

第一节　学校体育运动安全教育及各方职责

一、学校应建立健全体育安全制度,加强安全防范

学校要及时、及早地对学生的身体状况有所了解并且合理地安排体育运动的内容;加强学生体育运动的安全教育,及早勘察地形,清除容易造成学生伤害的障碍或物体;同时,在体育运动中配备专门的教师负责学生的安全工作;为防万一,体育运动中要做好必备的医疗救护措施。

在做好这些工作的同时,学校还要加强制度建设,制定审核免修体

育课学生资格的制度,建立健全学生意外伤害事故的处理预案等。

二、体育教师的相关责任及教育措施

为避免同学在体育课上出现受伤或发生意外,体育教师应完善考勤制度,上下课前要集合点名。若发现有无故未到者,应到班上了解情况,及时与班主任联系,若有事有病请假没来者,一定要有班主任签字的请假条。若学生上课中途需要离开,一定要向教师请假。

为避免体育课上受伤,教师应带领学生每节课前都做好准备活动。热身和徒手操是最基本也是最有效的方式,但要把动作做到位。

学生在体育运动中发生意外伤害的事情时有发生,在某种程度上讲是不可避免的。比如:在球类运动中,从关节扭伤到骨折都有可能发生。体育教师要有意识地去防范这些事故的出现,关心爱护学生,认真负责。

教师在教学活动中,教会学生规范的技术动作,可以有效避免运动伤害的发生。在运动中,由于动作不规范而发生的运动损伤是常见的,老师要认真及时地纠正学生的不合理动作,教会规范的技术要领,使学生在运动中能合理地运用技术动作,减少伤害事故的发生。同时,要教给学生一些自我保护的方法,增强学生的防范意识,这样也便于学生有效地保护自己。

另外,体育教师还可以根据自己的经验,及时讲解运动中的常识,帮助学生更好地认识自身,提高保护自己的能力。

三、体育教师在学生伤害事故中的帮助

为了减少或避免学生伤害事故的发生,体育教师应该为学生提供一些帮助:

课上,教师要做到"三灵":一是眼要灵,要有一双敏锐的眼睛,善于发现出现的危险事故或将要出现的事故。对活动中出现的部分学生乱跑、乱抢、嬉戏打闹、任意蛮干、动作粗野、违反运动规则的行为要及时发现并制止。

二是嘴要灵,要有一张唠唠叨叨的嘴,始终把安全问题放在嘴上,把安全教育渗透到每一个学生心中。

三是心要灵,教师上课要有耐心,充分结合教材,预测教学中易发现的安全隐患,把学生的安全放在心上,处处为学生的安全着想,对体质差、技能差、不听话的学生做到心中有数。课后,不宜将危险的器材如铅球、跳箱等随意摆放在操场上,以免在无人看管的情况下,学生因好玩导致人身伤害事故的发生。

第二节　　上体育课应注意的安全事项

体育课在中小学阶段是锻炼身体、增强体质的重要课程。体育课上的训练内容是多种多样的,因此安全上要注意的事项也因训练的内容、使用的器械不同而有所区别。

1. 短跑等项目要按照规定的跑道进行,不能串跑道。这不仅仅是竞赛的要求,也是安全的保障。特别是快到终点冲刺时,更要遵守规则,因为这时人身体产生的冲力很大,精力又集中在竞技之中,思想上毫无戒备,一旦相互绊倒,就可能严重受伤。

2. 跳远时,必须严格按教师的指导助跑、起跳。起跳前前脚要踏中木制的起跳板,起跳后要落入沙坑之中。这不仅是跳远训练的技术要领,也是保护身体安全的必要措施。

3. 在进行投掷训练时,如投手榴弹、铅球、铁饼、标枪等,一定要按教师的口令行动,令行禁止,不能有丝毫的马虎。这些体育器材有的坚硬沉重,有的前端有尖利的金属头,如果擅自行事,就有可能击中他人或者自己被击中,造成受伤,甚至发生生命危险。

4. 在进行单、双杠和跳高训练时,器材下面必须准备好厚度符合要求的垫子。如果直接跳到坚硬的地面上,会伤及腿部关节和后脑。做单、双杠动作时,要采取各种有效的方法,做双手提杠时不打滑,避免从杠上摔下来,使身体受伤。

5. 在做跳马、跳箱等跨越训练时,器材前要有跳板,器材后要有保护垫,同时要有教师和同学在器材旁站立保护。

6. 前后滚翻、俯卧撑、仰卧起坐等垫上运动的项目,做动作时要严肃认真,不能打闹,以免发生扭伤。

7. 参加篮球、足球等项目的训练时,要学会保护自己,也不要在争抢中蛮干而伤及他人,在这些争抢激烈的运动中,自觉遵守竞赛规则对于安全是很重要的。

第三节 学生常见运动损伤的预防与处理

运动损伤是体育锻炼中常见的问题,轻者影响学生的正常学习生活,重者可致残废,因此,在体育运动中预防运动损伤是学校工作的一项重要任务。

运动损伤以肌肉、筋膜损伤,韧带及关节囊损伤,肌鞘损伤为最多。其次为腹股软骨病、肩部损伤,膝半月板损伤和疲劳性骨膜炎。易产生损伤的运动项目依次为体操、短中长跑、篮球、跳跃、投掷、排球、举重、足球等,损伤多发生在膝关节、腰部,其次为足、踝、大腿、臀、小腿和手腕部。从损伤性质看,小创伤多、慢性伤多,严重和急性伤少。掌握运动损伤的发生规律,有利于运动损伤的预防。

发生运动损伤的原因主要是:

1. 训练水平不够:没有掌握动作要领,因动作不正确而受伤。训练包括一般身体训练,专项技术训练,战略战术训练和道德品质的培养。

2. 比赛、教学或训练课组织不好:缺乏医务监督、准备活动不正确以及准备活动过多,或场地、器材、保护设施、服装不符合卫生学要求。

3. 运动员心理状态不良:技术较差者,思想过分紧张,动作不协调;技术较好者,疏忽大意,注意力不集中,都容易发生损伤。

4. 不良的气候因素:在寒冷和潮湿气候下,运动损伤发生的几率明显增加,特别是肌肉韧带损伤,其原因是寒冷使肌肉的活动能力、弹性力、机械耐力降低。气温过高易发生中暑,雨后路滑,光线不足也易发生损伤。

运动损伤的预防,应在了解学生运动损伤的规律和原因的基础上来确定对策,主要是遵循以下原则:

1. 正确的指导思想。要明确学校体育锻炼的目的和任务,促进学生全面发展,克服单纯追求成绩的思想,针对学生好奇心强、急于求成的心理特点,进行安全教育。

2. 严密的组织和良好的纪律是防止运动损伤的重要环节,科学的锻炼方法和合理的安排是防止运动损伤的重要保证。体育活动中,应教育学生端正锻炼态度、遵守纪律,按规定操作,做好训练前的准备活动,加强易伤部位的训练和保护。

3. 建立必要制度。定期进行体质监测和健康检查,尽力创造有利于开展体育运动的条件,注意消除不良因素,运动前要对场地、器材和服装进行安全检查,运动中采取保护措施等。

实行健身计划之初,是最易受伤之时,因为身体尚未适应。因此,体育健身必须缓慢地开始,切忌用一次锻炼来弥补过去对体育运动的忽视。每次锻炼开始,一定要做准备活动,而且必须充分。肌肉酸痛,是用力过度的表现,如果最近没有锻炼,突然开始肌肉活动,酸痛在所难免。减轻这种酸痛的最好方法是慢慢地开始活动,逐渐加大肌肉的用力。

酸痛总是逐渐发生的,一般都不重。而疼痛往往突然发生,而且比较剧烈。疼痛是一个红灯,通知你立即停止活动,表明身体某处出了问题,必须查清楚。如果疼痛反复发作,必须及时就医。此外,要避免劳累过度。如果结束锻炼后一两个小时仍感十分疲乏,你所制订的健身计划大概太冒进了。体育锻炼应使你放松、舒适,而不是精疲力竭。

下面介绍几种常见运动损伤的治疗。

1. "RICE"自我疗法

运动场上常见的擦伤、裂伤等,也常发生在日常生活之中。常见的运动损伤有:指关节扭伤、肩滑囊炎、网球肘、髋部滑囊炎;髌腱炎、腓肠肌劳损、骨膜炎、跟腱炎、踝扭伤、足弓扭伤等。发生上述软组织损伤后,可立即采用"RICE"自我疗法。

所谓"RICE",实际上是四个代号。R,即 rest(休息);I,即 ice(冰);C,即 compression(压迫);E,即 elevation(抬高)。各取其字母开头,组成 RICE,有助于记忆。

休息 一旦出现疼痛,立即停止使用受伤的部位,以免使伤势加重,至少休息一天。如果损伤不重,疼痛减轻,可以逐渐开始活动,并保持肌肉的收缩力。

冰 把冰块裹在毛巾里或放入塑料袋中,敷在受伤部位,以解除疼痛和肿胀。注意不要造成冻伤(要将冰块砸碎)。

压迫 用一种带弹性的织物(护腕、护踝、护腿)裹在损伤部位,并把冰裹缠紧。30 分钟后,去除压迫和冰敷。再过 15 分钟,再次裹缠受伤部位 30 分钟。如此反复做 3 小时左右。

抬高 把受伤部位置于比心脏更高的平面。如果是腿或足腕损伤,就要躺下,把腿放在被子上,抬高到与肩相平的位置,这是消肿的一项重要措施。

必要时,RICE 疗法可持续做 24 小时。如果两天后肿痛未消,就可做热敷。遇到以下情况,最好请医生诊治:膝关节的损伤、受伤部位出现畸形、受伤后迅速出现明显的肿胀(血肿)、严重的疼痛和压痛、受伤部位无法动弹、自我治疗无效。

若在受伤后 48 小时内依照 RICE 疗法的原则去做,许多软组织的运动创伤都会得到控制,至少能避免损伤的恶化,减轻伤者的痛苦,对未来的康复有很大好处。

2. 皮肤擦伤

皮肤擦伤就是皮肤受外力摩擦所致的皮肤出血或组织液渗出。

(1)小面积擦伤。若在一般部位,要用红药水或紫药水局部涂擦,需包扎。而关节及其附近的擦伤,则应首先局部消毒(用0.05%的新洁尔灭等)后,再涂以消炎软膏,以免局部干裂影响锻炼。

(2)较大面积擦伤。首先应以生理盐水或0.05%的新洁尔灭清理创面,然后局部消毒,最后盖以凡士林消毒纱布和敷料并包扎。必要时可加抗菌素预防感染。

3. 皮肤撕裂伤

皮肤撕裂伤是指皮肤受外力严重摩擦或碰撞所致的皮肤撕裂、出血。轻者,消毒后以胶布黏合或用创可贴敷盖即可;面积较大者,则需止血缝合和包扎。必要时酌用破伤风抗菌素1500~3000国际单位,肌肉注射,以免引起破伤风感染。

4. 刺、切伤

刺、切伤是指运动中被尖锐器物刺破或切割所致的伤。处理方法同撕裂伤。伤口小而浅者无需缝合,深而宽者缝合后酌用破伤风抗菌素。

5. 挫伤

挫伤是指在钝器直接作用下,人体皮肤或皮肤下组织所受的伤,如运动时相互冲撞、踢打所致的伤。

征象:单纯的挫伤仅局部青紫,皮下淤血肿胀、疼痛,以四肢多见,可伴有功能障碍。严重者可并有肌肉断裂、骨折、失血、内脏损伤和脑震荡。如并有内脏损伤,患者常休克,应及时送医院救治。

处理:局部休息,限制活动,在24小时内冷敷和加压包扎,患肢抬高。疼痛明显者可服去痛片,外用风湿跌打膏、伤湿止痛膏等。48小时后开始理疗和按摩,肢体开始活动。若有指(趾)甲下血肿,可局部消毒,用火针刺入,放血并包扎。必要时可服抗菌素药物,以预防感染。

6. 肌肉拉伤

肌肉拉伤是指在外力直接或间接作用下,使肌肉过度主动收缩或被动拉长所致的肌肉纤维损伤或断裂。多发于下肢、肩胛、腰背部和腹直肌等位置的肌肉。

征象：局部肿胀、疼痛，明显压痛、肌肉紧张或痉挛，摸之发硬，活动时疼痛加重。有肌肉断裂时，则局部肿胀明显，伴有皮下严重淤血和功能障碍，也可摸到凹陷或异常膨大的断端。

处理：轻者可立即休息，抬高患肢，局部冷敷并加压包扎。疼痛明显者，可酌情服止痛药，24小时后开始理疗和按摩。如肌肉大部分或完全断裂，应加压包扎并立即送往医院处理。

7. 关节韧带扭伤

关节韧带扭伤是在间接外力作用下，使关节发生超常范围活动，而造成的关节内外侧韧带部分纤维断裂。多发于踝、膝、腕、掌指、腰和颈椎关节部位。以踝关节扭伤举例说明：踝关节外侧副韧带损伤在运动中非常常见，约占急诊运动创伤病例的16％。据统计，92％的篮球运动员曾有过踝关节外侧副韧带损伤，83％曾有两次以上的损伤。我国国家队运动员中73％曾有过两次以上的踝关节外侧副韧带损伤，59％残留有各种后遗症状。踝关节韧带损伤虽然不是非常严重的运动创伤，但若早期处理不当，也会严重影响运动员的训练并可能造成严重的后遗症。

踝关节扭伤后应立即停止运动，进行踝关节制动并加压包扎和冷敷，冷敷时，冰袋或冰块不可直接接触皮肤，以免冻伤。踝关节制动可采用胶带固定，也可采用石膏或护踝支具固定。受伤部位的制动、加压包扎和冷敷可有效地减少韧带断裂部的出血，缩短愈合时间，减少日后机化性血肿疤痕，这是急性踝关节扭伤早期最基本的处理方法。

第四节　运动安全常识

未成年学生在校伤害事故中，体育课与体育活动方面的事故时有发生。一般发生在球类活动、体操、田径运动和游泳几个运动项目中。基本原因可归纳为以下方面：对预防体育活动伤害事故认识不足；缺乏准备活动或准备活动不正确；运动技术上的缺点和错误；运动量过大，身体机能状况不佳的情况下参加体育活动；教学、训练和比赛的组织方法有缺点;动作粗野或违反规则;场地设备不安全等。

急于求成,表现自己,忘乎所以,盲目冒失,也极易发生损伤。

体育的特点是学生身体投入整个活动,必定会产生很多在课堂不易发生的现象,如身体接触、情绪宣泄、提示呼喊等等。因此,学生必须遵守纪律、遵守常规、服从组织、遵守游戏规则。认真完成每一个动作,老师设计安排了不少练习内容,必须根据各项教材的特点,在学习中正确地自我保护、相互保护、集体保护的方法。

一、游泳安全

游泳是一项益处与危险并存的运动,它可以强身健体,增加心血管功能,也是减脂去肥者喜爱的运动,同时也是不爱流汗的朋友所喜爱的一个体育项目。

1. 夏季游泳最重要的是安全问题

学游泳时应注意以下问题:

(1)学游泳时要有家长陪同,不要独自一人外出游泳,更不要不和家人打招呼就和同学结伴学游泳。

（2）要到正规的游泳池学习游泳，且由老师或熟悉水性的成年人带领下水游泳，以便互相照顾。在江河、池塘学游泳要格外小心，且不要离开家长的视线。

（3）对自己的水性要有自知之明，下水后不要逞能，不要贸然跳水，更不能互相打闹，以免呛水和溺水。

有漩涡的地方，一般水面常有垃圾、树叶杂物在漩涡处打转，只要注意就可及早发现，应尽量避免接近。

（4）在学游泳时，如果突然觉得身体不舒服，如眩晕、恶心、心慌、气短等，要立即上岸休息或呼救。

（5）太累时及时上岸休息，上岸后切不可在岸边玩耍，以防滑入水中造成意外。

（6）镶有假牙的同学应将假牙取下，以防呛水时假牙落入食管或气管造成事故，也不要佩带挂饰等硬件物品，以防刺伤身体。

（7）在游泳中若小腿或脚部抽筋，千万不要惊慌，可用力蹬腿或做跳跃动作，同时呼救。除腿脚抽筋外，消除其他部位抽筋的技能也要掌握。

（8）切勿太饿、太饱或饭后不到一小时就下水，以免抽筋，出现不安全因素。

太饿时不能游泳

太饱游泳也危险！

咕咕！

挥汗如雨时下水最容易抽筋！

冷得发抖时也不能游泳！

（9）学习游泳时最好在齐腰深的水域学习，不要到深水区学习游泳。

（10）如果看见有人溺水要大声呼救，不要妄自赴救。

（11）在室外游泳应做好防晒，避免时间过长。

游泳时长时间曝晒，会产生晒斑，或引起急性皮炎，亦称日光灼伤。

2. 游泳时如何防溺水

(1)初学者或技能欠佳者不要到深水区游泳,更不要潜水、跳水。

(2)选择好的游泳场所,不要到不识底细,不知水情或比较危险且已发生过溺水伤亡事故的地方去游泳,要了解水域的深浅等情况。

(3)若在江河、池塘游泳必须有同伴相陪,不可单独游泳,且不要到有危险警告的地段去游,更不要跳水、潜水,以防止被杂草、岩石或其他障碍物所伤出现意外。

(4)结伴游泳不可以过分开玩笑,如趁人不备推人下水,趁人不备用水嬉戏等。

(5)身体不适,精神疲倦,睡眠不足,体力不支或正在患病及刚参加完体力劳动时不要游泳,恶劣天气如雷雨、刮风、天气突变等情况下也不宜游泳。

(6)在野外不要随意下水、不明水域下水、不做暖身下水、不适应水温下水,以防抽筋。

(7)不会游泳者滑入深水区要立即呼救,其他人可一面呼救一面就地取材,利用竹竿、树枝、绳索、衣服或漂浮物抢救。在没有把握的情况下不应到深水区救人,以防发生群体意外。

3. 拯救溺水者的原则

溺水者往往张皇失措,会死命抓住一切能够抓到的东西,包括拯救者。因此,只要有其他方法将溺水者拉到岸上,就不要下水去施救。当然,遇到万不得已的情况,在施救者有能力的前提下,可下水施救。没有受过救生训练的施救者下水之前应该有思想准备,因溺水者的本能反应,可能会给施救者带来意想不到的困难,使施救者力不从心,最终救人不成反而赔上性命。

下水施救的常识

同伴溺水应立刻进行抢救,心肺复苏最为重要,主要是将溺水者救上岸后立即清除其口腔、鼻咽腔的呕吐物和泥沙等杂物,保持呼吸通畅,随后应将其舌头拉出以免后翻堵塞呼吸道,将溺水者的腹部垫高,使胸及头部下垂或抱其双腿将腹部放在急救者肩部,做走动或跳动"倒水"动作。恢复溺水者呼吸是急救成败的关键,应立即进行人工呼吸,可采取口对口或口对鼻的人工呼吸方式,在急救的同时应迅速呼救,请成年人帮助。

将溺水者抬出水面后,抱起溺水者双腿,将其腹部放在急救者肩上,快步奔跑使积水倒出。

下水前应准备一块结实的足够长的长条布、毛巾或救生圈。

下水救人,尽量不要让溺水者缠上身。如在游向溺水者时,与溺水者正面相遇,必须立刻采用仰泳迅速后退。

在溺水者抓不及处,将布条、毛巾或救生圈递过去,让溺水者抓住一头,自己抓住另一头拖着溺水者上岸。切记,勿让溺水者抓住你的身体或四肢。若溺水者试图向你靠近,立刻松手游开。

如必须用手去救,且溺水者十分张皇失措,则应从背后接近溺水者,从背后抓住溺水者的下巴,使其仰面,并将其头靠近自己,用力用肘夹住溺水者的肩膀,采取仰泳的方式将溺水者拖回岸上。

若溺水者不省人事,可用手抓住溺水者的下巴,游回岸边。

安慰溺水者,尽量让溺水者情绪稳定。

4. 游泳结束后应注意的事项

游泳结束上岸后,应及时用清水清洗眼、耳、鼻和口腔,冲洗身体,然后擦干,穿上衣服保暖,以防感冒。同时做一些放松整理活动,使体力恢复,而且要当场清点人数,以防人员失踪。

由于水中有杂质和细菌,游泳者易产生眼、耳疾病。游泳后要向眼中点氯霉素眼药水或青霉素眼药膏,切勿用脏手乱擦眼睛,以免挫伤结膜,或使细菌进入眼内。

游泳时如果有水进入耳内,切勿用手指挖耳,以免擦破耳道,导致污水感染,引起中耳炎。

处理方法

(1)单脚跳动法:头歪向耳朵进水的一侧,用手拉住耳垂,用同侧腿进行单足跳。

（2）吸引法：头偏向有水的一侧，用手掌紧压同侧耳朵的耳孔外部，屏住呼吸，然后迅速拉开手掌，水就可吸出。

（3）也可用消毒的棉棒和柔软的吸水纸，轻轻地伸进外耳道把水吸出。

二、球类活动

球类活动是中小学生特别喜欢的体育项目，主要包括足球、篮球和排球。球类活动要求有一定的动作技术和身体活动能力，因此稍有不慎，容易引起大小不等的伤害事故，如挫伤、擦伤、扭伤、碰撞致伤等。

1. 球类活动中的事故隐患

缺乏准备活动或准备活动针对性不强是造成事故的常见原因。未做准备活动或做得不充分，准备活动内容与球类基本内容结合得不好，因此容易引发伤害事故。

（1）动作技术指导上的缺陷和错误。因动作技术上的缺陷和错误而受伤，在中小学生球类活动中经常发生。例如，传接球练习时手的动作不正确会造成手指挫伤；防守或运球过人时动作不正确会造成冲撞而致伤害。动作技术上的错误，违反了身体结构机能的特点和运动时的力学原理，所以容易发生伤害事故。

（2）场地设备不安全。球类活动中，场地不平整是造成踝关节扭伤的基本原因。另外，球架的安装不牢固或安放不妥当或年久失修，也是不安全因素之一。

（3）动作粗野或违反规则。球类活动时不遵守规则，或活动时互相逗闹，动作粗野而引发的伤害事故最为常见，事故程度较为严重，常见的有前臂或小腿骨骨折。

在某学校组织的足球比赛中,由于学生体力不足,技术动作走样导致双方球员相撞,一名队员受伤。幸亏裁判及时喊停检查伤势,学生才得以恢复。

(4)组织方法不当。参加球类活动的学生过多,而场地较小;教师组织管理的学生过多;球类比赛日程安排不当,比赛双方体力小、技术差异大,都可能成为对学生造成伤害。

在各种球类比赛中,经常会出现球员关节受伤等状况,学校在组织这类活动时要做好充分准备。

2. 事故隐患的预防

(1)加强思想教育,增强防范意识。部分人错误地认为,"球类活动中小伤病难免,关系不大"。特别是中小学生,好胜心强,经验不足,思想上麻痹大意,缺乏预防事故的意识。教师在球类活动中要教育学生树立"宁失一球,勿伤一人"的思想。

(2)加强活动设施建设和管理。球场始终要保持平整,不应有坑洼、石块等,地面不宜太硬、打滑。球架、球站要定期检修;有关设施应设专人保管、维修、更换。室内球场注意通风、采光。

(3)做好准备活动、加强医务监督。教师应根据上课内容和气候情况准备活动的内容与量。

严禁不做准备活动就进入正式球类活动,另外准备活动要充分,有针对性。例如,安排排球传球练习应充分做好手指、手腕的准备活动。气温较低时,准备活动要充分些,以身体觉得发热为好。

学生应掌握自我医务监督的常识,掌握适宜的运动量、练习维度的机体的局部反映等。

(4)加强保护措施。严格裁判,禁止粗野动作,不使用错误的推、拉、撞等危险动作。加强自我保护意识,使用必要的护具,如护膝、护腿、护踝等,教师应教学生会冲撞摔倒时的正确缓冲动作是屈膝、团身、以肩背时顺势滚翻,而不是要直臂撑地。

三、田径运动

田径运动是各项体育运动的基础,是学校体育教学的重点教材,是《国家体育锻炼标准》的主要项目,是锻炼身体最有实效的运动项目。

田径运动项目有:走、快速跑、耐久跑、中长跑、越野跑、接力跑、跳高、跳远、推铅球、掷铁饼(标枪)、投垒球等内容,锻炼形式多样,便于广泛开展,具有强度大和使神经、肌肉、内脏等活动面广的特点,需要参与者跑得更快、跳得更高、力量更强,因此,在学校的体育课教学和锻炼活动中会发生一些伤害事故,轻则挫伤、擦伤、关节损伤、肌肉抽筋、拉伤,重则造成骨折、呼吸紊乱,严重休克甚至丧失生命。但是,只要我们认真预防,学校的伤害事故还是能够减少和避免的。

1. 田径运动的伤害事故隐患

(1)场地不平整,设施不完善。操场是学校开展体育课教学,组织广播操的主要场地,是学校开展体育活动的基础。经过多年努力,学校的场地设施已有根本改善,但是隐患依然存在。有的学校场地高低不平,满地沙石,暑假过后,杂草丛生。有的学校出租场地、停放车辆,影响正常的教学秩序,导致酿成重大伤亡事故。

(2)学生的心理、心理状态不良,未能及时调整。学生患病不报,伤痛不语,或伤病初愈造成体力下降,没有及时调整,急于参加体育课教学活动引起损伤,甚至加剧伤病。睡眠、休息不好,疲劳或身体机能下降时,其速度、力量、完成动作的准确性和协调性均显著下降,他们反应迟钝,造成技术动作错误,甚至失手,引起损伤。

学生心情不好,情绪不高,练习动作时缺乏自信心和积极性,必然容易受伤。有的学生情绪急躁,容易冲动,过于自信。

第六讲　饮食安全

第一节　营养的合理性

一、营养素对人体健康的作用

营养与许多疾病有密切的关系,营养不良会造成中学生消化不良、贫血、佝偻病、肥胖症以及使许多少年患成人病,也会因为免疫能力下降而引起各种疾病,因此合理营养是青少年预防保健工作的重要内容之一。

我们吃形形色色的食物,其目的是为了摄取人体所需的营养素。它们是蛋白质、脂肪、糖类、维生素、无机盐、膳食纤维和水,共七大类营养素。其中蛋白质、脂肪和糖类又是产生热能的主要来源。

1. **热能**　热能是人体用于维持心跳、呼吸、血液循环等生命活动所需要的动力,人没有热能就不能生存。

热能不是营养素,但它是营养素的产物。蛋白质、脂肪和糖类是产生热能的主要动力,它们分别占总热能 10％～14％,20％～25％,60％～70％。如果我们摄取的热能超过人体需要,多余的热能就会转化成脂肪在人体内贮存起来,长期如此,会导致肥胖;反之,会消瘦。那么我们青少年每天通过食物摄取多少热能呢? 13～20 岁的青少年每天需 2200～2400 卡热量。但每个人每天需要的热量与他的年龄、体型、劳动(活动)强度、健康状况等因素有关。

2. **蛋白质**　蛋白质是生命的物质基础。其主要生理功能是构成新组织、提高热能。

青少年在生长发育期间,新的细胞不断增生,组织器官不断发育,主要由蛋白质供给原料。13～15岁男女青少年每日需80克,16～17岁男孩每日需蛋白质90克、女孩为80克。与成人相比青少年所需蛋白质相对多一些,以适应生长发育阶段的需要。

主要食物来源:动物性食物:如畜类(猪、牛、羊)、禽、蛋、水产品、豆类及豆制品。目前,我们膳食中蛋白质的来源主要是粮谷类食物。

蛋白质是由氨基酸构成的,食物蛋白质营养上的重要性决定其组成中的氨基酸。蛋白质元素组成的特点是含有相对恒定的氮元素,即不同食物蛋白质分子氮的含量虽有差异,但都比较接近16%左右。

3. **脂肪**　脂肪是一种高热量的食物,它提供的热量是蛋白质和糖类的两倍,约占总热量的30%以下,青少年脂肪摄入量应占总热量的25%～30%。

主要生理功能:供给热能、贮存热能、帮助脂溶性维生素的吸收。

主要食物来源:人类膳食脂肪主要来源于动物的脂肪组织以及植物的种子,如烹调油。动物性食物如猪肉、鸡肉等,以及蛋类、肝脏、大豆、麦胚、花生等。

4. **糖类**　糖类是提供热能的主要食品。我们平时吃的米饭、面食、玉米和薯类也都是以提供糖类为主的食品。其主要生理功能:(1)产生热量,以满足机体的需要;(2)参与机体组织的构成,是构成人体细胞不可缺少的原料;(3)具有保肝解毒作用;(4)提供膳食纤维,发挥以下生理功能:增强肠蠕动,利于粪便排除;维持肠道正常菌群,有利于益生菌的生长,不利于厌氧菌的生长;控制体重及降低血糖、血胆固醇等保健功能,对预防结肠癌的发生有重要作用。

主要食物来源:来源于植物,如谷类、薯类、根茎类、豆类、含淀粉多的坚果提供淀粉糖类;食糖等提供单糖、双糖类糖类;蔬菜、水果及粗糙的粮谷类是膳食纤维的来源。

5. **维生素**　维生素是维持机体正常生理功能所必需的一类微量有

机化合物。人体内不能合成或合成量不足,每天必须从食物中摄取,不参与机体构成也不提供能量,机体长期缺乏某种维生素时会出现相应的缺乏病症。

脂溶性维生素:包括维生素 A、D、E、K,在食物中常与脂类共存。摄取多时在肝脏贮存,如摄取过多可引起中毒。

水溶性维生素:包括 B 族维生素(B_1,B_2,B_6,B_{12},叶酸,泛酸,生物素等)和维生素 C。水溶性维生素溶于水,体内不能贮存。水溶性维生素及其代谢产物较易从尿中排出。

另外,有些化合物,具有生物活性,有人称之为"类维生素",如类黄酮、牛磺酸等。

(1)维生素 A:又名视黄醇。其主要功能是维持正常视觉,预防夜盲症,维持上皮细胞的正常生长和分化,促进生长发育,还具有抗癌作用,维持正常免疫功能。

维生素 A 缺乏时,暗适应时间延长,出现夜盲症、干眼病、上皮干燥、增生及角化、生长发育迟缓等。

维生素 A 过量时,引起急性、慢性及致畸毒性反应,多发生在一次或连续多次摄入成人量 100 倍以上。

推荐摄入量:$7 \sim 14$ 岁为 $700 \mu gRE$;14 岁以上,男为 $800 \mu gRE$,女为 $700 \mu gRE$。

主要食物来源:动物性食品尤其是肝脏、蛋类和奶类中含有丰富的维生素 A。植物性食品中的胡萝卜素以绿色、黄色蔬菜的含量为最多,如菠菜、豌豆苗、韭菜、红心甘薯、胡萝卜、青椒和南瓜等以及水果中的杏、柿子等。

(2)维生素 D:人体所需的维生素 D 来自于食物中和人体皮下组织的脱氧胆固醇,经紫外线光照射产生,然后被运往肝、肾、转化为具有生理活性的形式后再发挥其生理作用。

维生素 D 主要生理功能:促进小肠钙吸收,促进肾小管对钙、磷的重吸收,减少丢失及参与血钙平衡的调节,促进骨与软骨骨化和正常生长,与甲状腺一起防止低钙性手足抽搐症和骨质疏松症。

维生素 D 缺乏时:儿童及青少年患佝偻病、成人患骨质软化症、老年人患骨质疏松症。如摄入过多,尤其是药物性摄入或注射过量时会发生中毒。

推荐摄入量不分性别:7～13 岁为 $10\mu g/d$,14～18 岁均为 $5\mu g/d$。

食物来源:动物肝脏、鱼肝油、禽蛋类等。奶类也含有少量维生素 D,每 100 克含量在 $1\mu g$ 以下。对于青少年来说,常晒太阳是使机体合成维生素 D_3 的重要途径。

(3)维生素 E:维生素 E 又名生育酚。具有抗氧化作用。在体内保护细胞免受自由基损害。保持红细胞的完整性,抗动脉粥样硬化,改变免疫功能及延缓衰老、抗肿瘤。尤其在预防衰老、减少机体内脂竭质形成、促进蛋白质的更新合成及调节血小板的黏附力和聚集方面有很多作用。

维生素 E 缺乏症:低维生素 E 的膳食可引起红细胞减少以及缩短红细胞的生存时间,可发生溶血性贫血。

维生素 E 的毒性很小,人类还未发现明显的过多症。

供给量:7 岁为 $7mg/d$,11 岁为 $10mg/d$,14 岁以上所有年龄段均为 $14mg/d$。

食物来源:主要存在于各种油料种子及植物油中,某些谷类、坚果类和绿叶蔬菜中也含有一定数量;肉、奶油、乳、蛋及鱼肝油中也存在。天然的维生素 E 是不稳定的,在贮存与烹调加工中可发生明显的破坏,植物油中的维生素含量因加热明显降低。

(4)维生素 C:又名抗坏血酸。它的主要生理功能:参与体内氧化还原反应,维持胶原蛋白的正常功能,参与胆固醇的羟化使胆固醇转变为胆酸,从而降低胆固醇含量;还参与神经递质合成及酪氨酸代谢等。研究认为维生素 C 还有抗肿瘤及预防感冒的作用。

维生素 C 缺乏症:典型缺乏症为坏血病,在临床上又有多种表现。

维生素 C 过多症:过量时毒性很低,一次口服量过大时可能出现腹泻症状;长期摄入过高而饮水较少,有增加尿路结石的危险。

供给量:7 岁为 80mg/d,11 岁为 90mg/d,14 岁以上年龄段均为 100mg/d。

主要食物来源:主要存在于新鲜的蔬菜与水果中。

(5)B 族维生素:它的主要生理功能:维持神经、消化、肌肉、循环等系统的正常功能,维持皮肤和黏膜的完整性,促进生长发育。

B 族维生素缺乏时:可出现食欲减退、消化功能障碍,引起口角炎、舌炎、皮炎、神经炎、贫血等。

主要食物来源:动物肝脏、粗杂粮、蛋、豆、乳类食品、绿叶蔬菜等。

6. **无机盐与微量元素** 除上述营养素外,人体还需要无机盐与微量元素。

无机盐又叫矿物质。目前中学生中钙、铁、锌的缺乏比较常见。在特殊地区环境或其他特殊条件下,也可能有碘及其他元素的缺乏。

(1)钙:它的生理功能不仅仅是构成骨骼和牙齿的成分,还有维持神经与肌肉活动、促进体内某些酶的活性以及参与血凝过程、激素分泌、维持体液酸碱平衡等作用。

钙缺乏时:可导致生长发育不足,骨骼和牙齿发育不正常,有抽筋、手足抽搐等神经、肌肉异常表现。

主要食品来源:含钙较多的食物有奶制品、虾皮、海带、绿叶蔬菜、大豆及豆制品。

(2)铁:铁是人体红细胞中血红蛋白的主要成分。它参与体内氧与二氧化碳的转运、交换和组织呼吸过程。

铁缺乏时:发生缺铁性贫血使学生注意力不集中、学习能力下降、抗病能力下降。

主要食物来源：动物肝脏、动物全血、瘦肉、蛋黄、黑木耳、海带、鱼类、芹菜、油菜等。

（3）锌：人体含锌 2～2.5 克，主要存在于肌肉、骨骼、皮肤。

锌的主要生理作用：与人体遗传和生命活动有密切关系，促进生长发育和组织再生，促进食欲，参与构成唾液蛋白，而对味觉与食欲发生作用，促进维生素 A 代谢和生理作用，参与免疫功能。

锌缺乏时的表现：生长迟缓、食欲不振、味觉退化甚至丧失。皮肤创伤不易愈合。易感染，特别是青春期男孩，严重缺锌者可以影响生殖器官发育。

主要食物来源：粗粮、豆类、动物肝脏以及肉类、海产品、牡蛎含锌量最高。

（4）水：水是人体重要的组成部分，也是人体含量最多的物质，占人体重的 60%～70%，人体每天需要 1000～1500 毫升的水。

主要生理功能：水存在于每一个细胞中，参与体内一切物质的新陈代谢，起到运输、排泄、润滑、调节以及助消化作用。

白开水、饮料及食物是水的主要来源。

7. **膳食纤维**　膳食纤维是指存在于食物中不能被机体消化吸收的多糖类化合物，但却是维持身体健康所必需的物质。

主要生理功能：促进肠道蠕动、增加粪便体积、软化粪便、防止便秘，吸收与排出有害物质，维持肠道的正常菌群，预防肠道癌症。可以说膳食纤维是人体肠道里的"清洁工"。

蔬菜、水果、薯类、粗粮是膳食纤维的主要来源。

二、从食物中认识营养

了解营养素后，要了解怎样才能满足合理的营养要求。中国营养学会对青少年的营养要求，提出了很多指导性意见。

通常食物按营养价值的不同特点分为5大类：

1. **粮谷类** 包括大米、小麦、玉米、高粱及加工的面粉等，是机体热量、蛋白质的主要来源，也是 B 族维生素、无机盐的重要来源，多种谷类混合食用比单一的谷类营养价值高。各类原粮的加工精度不宜过高，否则会造成谷类表层多种营养成分如维生素、无机盐、膳食纤维的丢失。因此米面不宜追求过白过精。

2. **蔬菜和水果** 蔬菜和水果的共同特点是无机盐(钙、钾、钠、镁)，其维生素 C、胡萝卜素的含量丰富，并含有一定量的膳食纤维。水果和有些蔬菜中还含有无机盐及有机酸，可刺激食欲、助消化，可谓营养丰富。然而蔬菜、水果各有不同的营养价值，不能完全互相替代。

3. **鱼、肉、蛋类** 这类食物主要提供动物性蛋白。此外，还能提供一些重要的无机盐、如锌、铁等以及维生素 B_2 等。

鱼、虾及水产品脂肪含量较低，有条件可常吃，猪肉含脂肪较高，要限制食用。提倡吃鱼、虾、鸡、兔、牛肉。

青少年可适当吃些动物肝脏和血制品，以补充维生素和无机盐，预防和治疗贫血。鸡蛋虽然含胆固醇高，但也含磷脂、钙质，青少年适量食用有好处，每天吃 1～2 个即可。

4. **奶类及奶制品** 奶类及奶制品主要指新鲜牛奶、奶粉、淡炼乳，它们含有的营养成分较齐全，含有 3% 左右的优质蛋白质及钙、乳糖，少量的维生素 B_2、维生素 A，青少年每日牛奶摄入量应在 250 克以上，但奶类中缺乏铁、锌元素，应在其他食物中补充。

5. **纯热量食品** 包括植物油、食用油、糖类、淀粉等，主要提供热量，如摄入过高、能量过剩，则可造成超重、肥胖。

三、我国中学生的营养现状

为了维持生命和促进健康的需要，必须通过每天食用各种食物，获得人体各种营养物质，并参与人体的新陈代谢、维持生理功能和满足劳动、工作和学习的需要,这些物质称为营养素,它是保证人体健康的物质基础。

营养不等于大吃大喝,更不等于山珍海味。我们讲营养,就是根据各地区、各个家庭和每个人的具体情况,对食物进行合理的调配和摄取,从而保证健康的需要。

12～18岁的青少年正进入青春突变期,此期间身高每年增加5～7厘米,个别的可达10～12厘米,体重每年可增长4～5千克,个别的可达8～10千克,而且第二性征逐步出现,是一生长知识、长身体的关键时刻,此期间活动量大,学习负担重,他们对热能和各种营养素摄入的要求都远高于成年人。因此,饮食的平衡与安全对中学生格外重要。

第二节　食品安全

近年来,人们对农产品安全的关注越来越多。这里,我们将为大家介绍一些关于农产品等级的知识。

一、无公害食品

1. 什么是无公害农产品?

无公害农产品是指产地环境、生长过程和最终产品符合无公害食品标准和规范,经专门机构认定,许可使用无公害农产品标志的食品。无公害农产品在生产过程中允许限量、限品种、限时间地使用人工合成的化学农药、兽药、渔药、饲料添加剂和化学肥料等。

2. 什么是无公害食品?

无公害食品指有害有毒物质控制在安全允许范围内的产品。具有安全性、优质性、高附加值三个明显特征。

安全性:无公害农产品严格参照国家标准,执行省地方标准,具体有三个保证体系:

(1)生产全过程监控,产前、产中、产后三个生产环节严格把关,发现问题及时处理、纠正，直至取得无公害食品标志。实行综合检测，保证各项指标符合标准。

（2）实行归口专项管理：根据规定，省农业行政主管部门的农业环境监测机构，对无公害农产品基地环境质量进行监测和评价。

（3）实行抽查复查标志有效期制度。

优质性：由于无公害农产品（食品）在初级生产阶段严格控制化肥、农药用量，禁用高毒、高残留农药，建议施用生物肥料和生物农药。严格控制农用水质（要Ⅲ类以上水质），因此生产的食品无异味，口感好，色泽鲜艳；在加工食品过程中无有毒、有害添加成分。（高附加值略）

二、绿色食品

1. 什么是绿色食品？

绿色食品是指遵循可持续发展原则，按照特定生产方式生产，经专门机构认定，许可使用绿色食品标志的无污染的安全、优质、营养类食品。通过产前、产中、产后的全程技术标准和环境、产品一体化的跟踪监测，严格限制化学物质的使用，保障食品和环境的安全，促进可持续发展。采用证明商标的管理方式，规范市场秩序。绿色食品于1990年由农业部农垦局发起，很快发展到全国三十几个省市，目的是通过开发无污染的安全、优质、营养类食品，保护和改善生态环境，提高农产品及其加工品的质量，增进城乡人民身体健康，促进国民经济和社会可持续发展。绿色食品生产标准是介于无公害食品标准和有机食品标准之间的一种安全食品标准。绿色食品证书有效期为三年。

2. 绿色食品的分级标准是什么？

绿色食品分为A级和AA级两类。两者均应符合《绿色食品产地环境质量标准》。A级绿色食品是在生产过程中，严格按照绿色生产资料使用准则和生产操作规程要求，限量使用化学合成生产资料，许可使用

A级绿色食品标志的产品。AA级绿色食品是按有机生产方式生产,在生产过程中不使用任何化学合成的农药、肥料、兽药、绿色添加剂、饲料添加剂及其他有害于环境和身体健康的物质,禁止使用基因工程技术,经专门机构认定,许可使用AA级绿色食品标志的产品。

三、有机食品

1. 什么是有机食品?

有机食品是来自于有机生产体系,根据有机认证标准生产、加工,并经具有资质的独立的认证机构认证的一切农副产品,如粮食、蔬菜、水果、奶制品、畜禽产品、水产品、蜂产品及调料等。有机农业生产体系是指遵照一定的有机农业生产标准,在生产中不采用基因工程获得的生物及其产物,不使用化学合成的农药、化肥、生长调节剂、饲料添加剂等物质,遵循自然规律和生态学原理,协调种植业和养殖业的平衡,采用一系列可持续发展的农业技术以维持持续稳定的农业生产体系的一种农业生产方式。

有机食品在不同的语言中有不同的名称,国外最普遍的叫法是OR-GANIC FOOD,在其他语种中也称生态食品、自然食品等。联合国粮农和世界卫生组织(FAO/WHO)的食品法典委员会(CODEX)将这类称谓各异但内涵实质基本相同的食品统称为"ORGANIC FOOD",中文译为"有机食品"。有机食品是目前最高安全级的食品。有机产品证书有效期为一年。

2. 有机食品加工的基本要求是什么?

(1)原料必须是来自已获有机颁证的产品或野生天然产品;

(2)在认证产品生产中的配料、辅料、添加剂、加工辅助剂或发酵材料等不得使用经基因工程技术改造过的生物体生产出来的产品;

(3)已获得有机认证的原料在最终产品中所占的比例不得少

于 95%；

（4）只允许使用天然的调料、色素和香料等辅助原料，禁止使用人工合成的添加剂；

（5）有机食品在生产、加工、贮存和运输的过程中应避免化学物质的污染；

（6）生产者在有机食品加工和销售过程中需有完善的质量审查体系和完整的加工、销售记录体系。

第三节　食物中毒

食物中毒是指由于食用了被细菌污染后腐败变质的食物，或食用了被有毒化学物质污染和本身有毒的食品后而发生的以急性过程为主的疾病。

食物中毒的特征：潜伏期短，短时间内很多人同时发病，并很快形成高峰；临床表现相似，以急性胃肠炎症状多见；发病者均与某种食物有明确的联系，停止食用该种食物后，发病即停止；人与人之间不直接传染。

一、生活中常见的食物中毒

1. 坏鸡蛋

好的鸡蛋蛋黄不散并悬在蛋清中。一旦出现蛋黄散了，一边粘在蛋壳上的情况，则表示已被细菌污染，最好不要食用，或充分加热后再食用；出现异味就表示污染较重不能食用。

2. 海产品

海产品中特别是贝类带菌率可达 45%～90%，为保证海产品的鲜味，加工时往往不充分加热，因此很容易引发用餐者的感染。在食用海产品时最好做到不生吃，多炒会儿，少吃些。

3. 亚硝酸盐

不新鲜的蔬菜、腌制不够充分的咸菜、熟剩菜会产生一种有毒的亚硝酸盐,这些食物吃多了就会引起亚硝酸盐中毒。中毒机理为使红细胞中的低铁血红蛋白氧化成高铁血红蛋白,失去输氧功能,引起组织缺氧而出现症状。特点:潜伏期为 10 分钟至 1 小时,发病急,主要症状为口唇、指甲及皮肤出现绀紫,并伴有头晕、头痛、呼吸急促、腹痛等。

4. 毒蘑菇

山林区常见,城市少见。凡不认识的蘑菇、或未经有关部门鉴定无毒的蘑菇,尽量不要食用。

5. 河豚

经常有吃河豚死亡的报道,主要是由于把河豚误当作一般鱼烹调或误买了河豚鱼干(无头鱼)。河豚有剧毒(一种神经毒,无特效药),220 度以上可分解,盐腌或日晒不能破坏。吃河豚要到有营业执照的店食用。

6. 霉变甘蔗

禁食霉变的甘蔗,购买时一定要注意。轻症:头痛、恶心、腹痛、腹泻、视力障碍。重症:出现抽搐、幻觉、神志不清、昏迷、死亡。

二、其他一些食物中毒

有些食物本身就具有毒性,仅仅采用清洗等方式不能去除毒性,所以在购买和食用时要格外注意。

1. 新鲜木耳

新鲜木耳中含有一种卟啉类光感物质,它对光线颇敏感,所以食用鲜木耳后容易发生日光性皮炎,严重时甚至会使食用者咽喉水肿、呼吸困难,故鲜木耳不可食用。

2. 新鲜黄花菜

新鲜黄花菜中含有秋水仙碱,这种物质在人体内经氧化后会生成有毒物质。吃新鲜黄花菜中毒的症状多发生在食后数小时,出现类似于急性胃肠炎的腹泻。由于新鲜黄花菜必须经过充分的清水浸泡过程,才能加工成干黄花菜,所以黄花菜中的秋水仙碱大部分在浸泡过程中已溶入水中,干黄花菜的毒性已基本不存在了,一般食用干黄花菜是不会中毒的。

3. 四季豆

四季豆中含有皂素、胰蛋白酶抑制物，这两种物质均对人体有害。如果四季豆煮熟，上述有毒物质就会分解，不会引起人体中毒。没有煮熟的四季豆毒性未除，食用 1～4 小时后便会毒性发作，表现为头昏、恶心、呕吐，间或还有腹痛和腹泻症状。

4. 秋扁豆

扁豆中含有一种叫"植物血凝素"的物质，它能促使人体血液凝固，是一种毒蛋白。在扁豆荚中含有一种溶血素，也是对人体有害的物质。这些有毒有害物质经过高温烧煮后就会被破坏，不再毒害人体。在秋季成熟的扁豆中这种有毒蛋白和溶血素含量特别高，如果烧煮得不透，就会使食用者出现头痛、头昏、恶心呕吐等食物中毒症状。因此烹饪扁豆尤其是秋后扁豆时，必须煮烂煮透，以免食物中毒。

5. 青番茄

番茄含有一种叫做番茄碱的毒素。番茄碱的含量在番茄生长过程中进行着有规律的变化，在番茄尚未成熟的生长期番茄碱的含量很高，这时番茄的外观是青色的。当番茄渐渐成熟了，外观由青色逐步转变成红色，其番茄碱含量微乎其微，对食用者根本不会构成伤害，可是在青色的生番茄里这种毒素的含量却相当大，如果我们一下子吃了较多的青番茄就会引发头昏、恶心、呕吐、流涎等中毒症状，严重者甚至可危及生命。

6. 蚕豆

有一些人由于先天的问题(一种遗传病)，体内红细胞缺乏一种磷酸葡萄糖脱氢酶，吃了蚕豆后会出现红细胞大量破坏而发生溶血现象，称为蚕豆病，这种人就不能食用蚕豆。

7. 发芽的土豆

土豆本无毒，但土豆发芽后，在其嫩芽及周围变成绿色的皮中含有大量的龙葵碱，这是一种有毒物质。食用了有毒的发芽土豆，会出现恶

中学生安全常识 12 讲 **109**

心呕吐,严重者可有发热、气促、抽搐、昏迷等急性中毒症状,所以,发芽和表皮发绿的土豆不宜食用。

8.泛蓝色的紫菜

假如紫菜经水发后呈蓝紫色,这往往是它在海水中受到污染而改变了原有颜色的缘故。一般来说这种泛蓝色的紫菜已被有毒物质环状多肽污染了,因此不宜食用。

9.白果(银杏果)

不生吃白果,应煮熟或炒熟后再吃,不能多吃,儿童尤其要注意。中毒表现为出现胃肠不适,常有头痛、抽搐、惊厥等症状。

三、如何预防食物中毒

卫生部建议百姓采取八大措施:

1.不要采摘、捡拾、购买、加工和食用来历不明的食物、死因不明的畜禽或水产品,以及不认识的野生菌类、野菜和野果。

2.购买和食用定型包装食品时,请查看有无生产日期、保质期和生产单位,不要食用超过保质期的食品,建议不要购买散装白酒和植物油。

3.要做好自备水的防护,保证水质卫生安全;不要饮用未经煮沸的生活饮用水。

4.妥善保管有毒有害物品,包括农药、杀虫剂、杀鼠剂和消毒剂等。不要存放在食品加工经营场所,避免被误食、误用。

5.加工、贮存食物时要做到生、熟分开;隔夜食品在食用前必须加热煮透后方可食用。

6.养成良好的个人卫生习惯,在烹调食物和进餐前要注意洗手,接触生鱼、生肉和生禽后必须再次洗手。

7.家庭自办宴席时,主办者应了解厨师的健康状况,并临时隔离加工场地,避免闲杂人员进入。

8.进餐后如出现呕吐、腹泻等食物中毒症状时,要立即组织自行救治,可用筷子或手指刺激咽部帮助催吐排出毒物。同时,应及时向当地

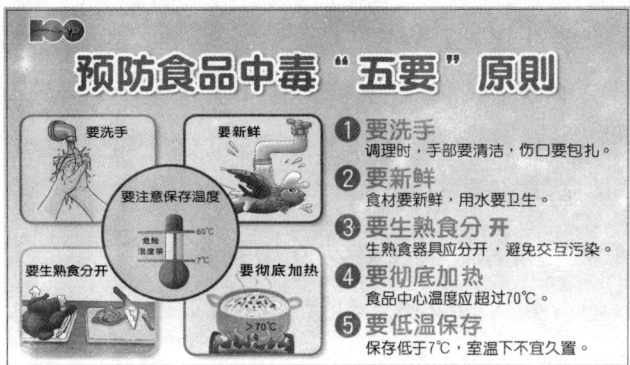

预防食品中毒"五要"原则

① 要洗手
调理时，手部要清洁，伤口要包扎。

② 要新鲜
食材要新鲜，用水要卫生。

③ 要生熟食分开
生熟食器具应分开，避免交互污染。

④ 要彻底加热
食品中心温度应超过70℃。

⑤ 要低温保存
保存低于7℃，室温下不宜久置。

卫生行政部门报告，并保留所有剩余的食物、有关工具和设备，以备核查中毒原因。

四、食物中毒的处理

一旦发生食物中毒事件，应启动"突发卫生事件应急预案"，作为班级或家庭来说应进行以下几点：

1. 自我判断大体准则：

在集体中：以多人发生（6人即可）、同餐、同一症状即为食物中毒事件（三者缺一不可）。在家庭中或小于6人时：以多数人出现同一症状即可。

2. 如班级中出现多人（二人以上）同餐后出现同一症状，应报医务室。由医务人员调查、备案。

3. 如有腹痛腹泻症状，请到有关医疗机构就诊。

4. 出现食物中毒事件，有关人员应配合相关部门进行调查，不得拒绝，实事求是，在事件不明之前，不得随意宣传。

第四节　饮食卫生误区及注意事项

在日常生活中，人们常有一些不卫生的饮食习惯和行为，但很多人对此尚未重视起来，这对身体健康十分不利。

一、防止"病从口入",要注意:

1. 养成吃东西前洗手的习惯。人的双手每天干这干那,接触各种各样的东西。会沾染病菌、病毒和寄生虫卵。吃东西之前认真用肥皂洗净双手,才能减少"病从口入"的可能。

2. 生吃瓜果要洗净。瓜果蔬菜在生长过程中不仅会沾染病菌、病毒、寄生虫卵,还有残留的农药、杀虫剂等,如果不清洗干净,不仅可能染上疾病,还可能造成农药中毒。

3. 不随便吃野菜、野果。野菜、野果的种类很多,其中有的含有对人体有害的毒素,缺乏经验的人很难辨别清楚,只有不随便吃野菜、野果,才能避免中毒,确保安全。

4. 不吃腐烂变质的食物。食物腐烂变质,就会味道变酸、变苦,散发出异味儿,这是由细菌大量繁殖引起的,吃了这些食物会造成食物中毒。

5. 不随意购买、食用街头小摊出售的劣质食品、饮料。这些劣质食品、饮料往往卫生质量不合格,食用、饮用会危害健康。

6. 不喝生水。水是否干净,仅凭肉眼很难分清,清澈透明的水也可能含有病菌、病毒,喝开水最安全。

7. 学校要做好食品的采购、运输、贮存等过程的卫生工作,防止食品源污染及食品中毒事故发生。

8. 学生食堂必须保持环境整洁,消除苍蝇、老鼠等有害动物及其孳生条件。学生食堂工作人员、炊事管理人员必须每年进行健康体检。

二、常见的饮食卫生误区如下:

1. 好热闹喜聚餐:每当节假日,人们大多喜欢三三两两到餐馆"撮一顿",或是亲朋好友在家聚餐,又热闹又便于交流感情。这样做不利于健康,不符合饮食卫生,最好实行分餐制。分餐的做法是对别人和自己生命健康的负责和尊重。

2. 用白纸包食物:有些人喜欢用白纸包食品,因为白纸看上去好像干干净净的。可事实上,白纸在生产过程中,会加用许多漂白剂及带有腐蚀作用的化工原料,纸浆虽然经过冲洗过滤,仍含有不少化学成分,会污染食物。至于用报纸来包食品,则更不可取,因为印刷报纸时,会用许多油墨或其他有毒物质,对人体危害极大。

3. 用酒消毒碗筷:一些人常用白酒来擦拭碗筷,以为这样可以达到消毒的目的。殊不知,医学上用于消毒的酒精度数为 75°,而一般白酒的酒精含量多在 56°以下,并且白酒毕竟不同于医用酒精。所以,用白酒擦拭碗筷,根本达不到消毒的目的。

4、抹布清洗不及时:实验显示,在家里使用一周后的全新抹布,滋生的细菌数会让你大吃一惊;如果在餐馆或大排档,情况会更差。因此,在用抹布擦饭桌之前,应当先充分清洗。抹布每隔三四天应该用开水煮沸消毒一下,以避免因抹布使用不当而给健康带来危害。

5. 用卫生纸擦拭餐具:化验证明,许多卫生纸(尤其是非正规厂家生产的卫生纸)消毒状况并不好,这些卫生纸因消毒不彻底而含有大量细菌;即使消毒较好,卫生纸也会在摆放的过程中被污染。因此,用普通的卫生纸擦拭碗筷或水果,不但不能将食物擦拭干净,反而会在擦拭的过程中,给食品带来更多的污染机会。

6. 用毛巾擦干餐具或水果:人们往往认为自来水是生水、不卫生,因此在用自来水冲洗过餐具或水果之后,常常再用毛巾擦干。这样做看似卫生细心,实则反之。须知,干毛巾上常常会存活着许多病菌。目前,我国城市自来水大都经过严格的消毒处理,所以说用洗洁剂和自来水彻底冲洗过的食品基本上是洁净的,可以放心食用,无须再用干毛巾擦拭。

7. 将变质食物煮过后再吃:有些家庭主妇比较节俭,有时将轻微变质的食物经高温煮过后再吃,以为这样就可以彻底消灭细菌。医学实验证明,细菌在进入人体之前分泌的毒素,是非常耐高温的,不易被破坏分解。因此,这种用加热方法处理剩余食物的方法是不可取的。

8. 把水果烂掉的部分剜掉再吃:有些人吃水果时,习惯把水果烂掉的部分削了再吃,以为这样就比较卫生了。然而,微生物学专家认为:即使把水果上面已烂掉的部分削去,剩余的部分也已通过果汁传入了细菌的代谢物,甚至还有微生物开始繁殖,其中的霉菌可导致人体细胞突变而致癌。因此,水果只要是已经烂了一部分,就不宜吃了,还是扔掉为好。

第五节 如何卫生饮水

水是六大营养素之一,是一切生命的重要组成部分,在一个成年人体重中占 60%,即使是坚硬的牙齿中也含有 10% 的水。因此每天补充一定量卫生的水是非常重要的。

一、一天需要补多少水

正常每天每公斤体重需从饮食中摄入水的量

年龄(岁)	1岁内	1～3	4～6	7～9	10～14	成年
需水量(毫升)	120～160	100～140	90～110	70～100	50～80	30～45

二、补水来源

一日三餐的饭、菜、汤可满足 60%～80%,其次为开水、水果,第三为各种饮料补充水。

三、补水的时间及卫生

1. 早晨起床:经过一晚的休息,体内的水分会有些浓缩,可喝一杯白开水(100～150ml)。

2. 一日三餐的正常就餐,养成喝上一杯水或吃水果的习惯,不要把饮料作为补充水分的主要来源。

3. 每次喝水不要太多,水温不可过热、过冷;少喝饮料,饮料中的香精、色素可损害人体的健康;高糖、高热量的饮料可影响食欲;纯净水、蒸馏水易被二次污染;滋补饮品中一些激素对人体有不良影响。

4. 热天要多补充些水。大量出汗后要补充淡盐水或白开水,不要图痛快,大喝冰的冷饮品,易使胃肠等处的毛细血管收缩,导致胃肠痉挛、疼痛。

5. 对一些饮料一定要注意其生产日期和保质期。

6. 对于纯净水要及时用完,对净水器要定期清洗消毒。

第七讲　旅行安全

　　旅游是人们在日常学习、工作之余放松自己、更好地学习工作的重要方式之一,特别是对年轻人有着极大的吸引力,他们可以在旅行中增长见识,锻炼意志,发现生活的智慧,获得个体发展的机会,消除工作和生活中的苦恼。旅游对中学生的学习和生活有着特殊的意义,但是由此引发的安全隐患也在不断威胁着中学生,中学生掌握旅游的安全知识,做好旅游准备就显得有特殊的意义,中学生要重视旅游安全,切莫因为贪玩而给自己留下终生遗憾。

第一节　旅行的准备

　　做好旅行准备是中学生外出旅游顺利的必要保障。中学生旅行应该做好的旅行准备有以下几个方面。

一、收集资料,规划旅行线

　　1. 选择好自己旅行的城市。带有主题和目的地去游览喜欢的景物,根据自己的时间和资金,挑选具有代表性或自己爱好的景物作为旅行对象。安排旅行行程和计划。必要时准备一张当地地图,防止迷路。

　　2. 了解所选择旅行地区的地理形态特点,历史文化,人文风俗等,以参考资料为主,概要地了解所选地区特有的地理文化。

　　3. 旅行一定要有良好的身体状况,在旅行之前一定要把自己的身体调节到最好的状态。

　　4. 查阅相关资料了解当地人的生活方式、人文习俗,尤其是当你到少数民族地区或者国外旅行时,这些常识可以帮助你减少不必要的麻烦。

5. 选择出国旅行时要掌握必要的外语知识,掌握将要去的国家的日常用语,避免沟通障碍。

6. 国内旅行时,要准备好自己旅行必需的现金、银行卡、身份证、学生证。到国外旅行时必备旅行支票,少量外币,一张国际通用的借记卡。

7. 选择好交通工具和住宿。一般以火车为主,有时候可以乘汽车,自己条件较好或者时间紧急时可以选择飞机;根据自己经济状况选择好住宿的地方。

二、准备好随身物品

1. 应该准备的旅行必需物品,手机,照相机及其配件,洗漱用品,晴雨伞、太阳帽、太阳镜,刮胡刀,笔和笔记本,瓶装水,感冒发烧拉肚子等常用药,地图,防晒霜。

2. 鞋子要选用平时穿惯的运动鞋或散步鞋较为稳妥,衣物要选择较为宽松的衣物,旅行包要选择小型旅行包,这些都可以减少旅途的疲乏,避免旅途过度劳累。

3. 携带必要的换洗衣物,根据自己要旅行的地区的气候和外出旅行时间长短来准备合适衣物,避免因衣物准备不足造成旅行不愉快。

4. 外出旅行必备药品。

(1)消化系统常用药:胃舒平、胃复安、多酶片,适用于胃溃疡、胃痛、呕吐、暖气、胃酸过多、胃胀,帮助消化,增进食欲等。

(2)防晕车船药:乘晕宁、乘晕静适用于预防晕车、船等。

(3)抗过敏药:息斯敏片、扑尔敏、扑热息痛片适用于抗过敏。

(4)镇静安眠药:安定适用于镇静、安定神经。

(5)防暑药:仁丹、清凉油、十滴水、莪术油、风油精、白花油等适用于防暑提神。

（6）伤科药：正红花油、驱风油、云南白药、麝香跌打风湿膏适用于扭伤淤肿、跌打刀伤、烫伤烧伤、心腹诸痛、风湿骨痛、四肢麻木、腰腿痛、头风胀痛、蚊叮虫咬等。

（7）感冒药：康必得、银得菲、泰诺、快克感冒清胶囊、羚羊感冒胶囊、重感灵、VC银翘片适用于旅行中发生的感冒症状。

5. 冬季去北方旅行应备齐防寒衣物、防滑设备（包括人、汽车）、保暖设备（包括人、汽车、照相机）、必备药品（冬季寒冷易感冒，出门旅游要备羚羊感冒片等治疗伤风感冒的药品；北方爱吃凉菜，不习惯者易"闹肚子"，需备黄连素等止泻药品；北方干燥口干，需备夏桑菊、黄老吉等清热冲剂）、墨镜（防雪盲）、润肤霜、润唇膏（北方较干燥）。

6. 夏季去南方旅行应准备防晒设备（太阳镜、遮阳伞、防晒霜）、雨伞（南方多雨）、防中暑药品（藿香正气液、十滴水、仁丹）、宽松衣物（防止中暑）。

第二节 掌握旅行安全知识

外出旅行不仅是对中学生身体意志的锻炼，也是对中学生的野外生存能力、社会安全常识的考验。

如果要外出旅游，在旅游前，选择信誉良好的旅行社，保留导游和同行人员的电话号码，在旅途中，尽量结伴而行，按不同气候、地区、出游方式，带好个人防护用品、常用药品、证件和通信工具，不在野外过夜。一旦遇到雷电和暴风雨不要在树下躲避，遇到洪水、山体滑坡、泥石流等自然灾害时，应该远离危险地带并及时求助。

一、应对自然灾害的"十字经"

1. 学：学习有关预防各种自然灾害的知识和减灾知识。

2. 听：经常注意收听国家或地方政府和主管灾害部门发布的灾害信

息,不听信谣传。

3. 备:根据面临灾害的发展,做好个人、家庭的各种行动准备和物质、技术准备,保护灾害监测、防护设施。

4. 察:注意观察研究周围的自然变异现象,有条件的话,也可以进行某些测试研究。

5. 报:一旦发现某种异常的自然现象不必惊恐。尽快向有关部门报告,请专业部门判断。

6. 抗:灾害一旦发生,首先应该发扬大无畏精神,组织大家和个人自卫。

7. 避:灾前做好个人和家庭躲避和抗御灾害的行动安排,选好避灾的安全地方。一旦灾害发生,个人和组织一起进行避灾。

8. 断:在救灾行动中,首先要切断可能导致次生灾害的电、火、煤气等灾源。

9. 救:要学习一定的医救知识,准备一些必备药品。在灾害发生期间,医疗系统不能正常工作的情况下,及时自救和救治他人。

10. 保:为减少个人和家庭的经济损失,除了个人保护以外,还要充分利用社会的防灾保险手段。

二、中学生进行外出旅行时应该掌握的旅行安全常识

1. 衣物与饮食

长途旅行应根据当时季节和当地气候条件及沿途各地的环境,带合适和实用的衣服用品。关注当地天气预报,了解当地气候变化,及时调整计划,防患于未然。

旅行中,夏天应注意防止中暑,温热地带防蚊虫叮咬,防止野兽袭击、毒蛇咬伤;冬天注意防寒,登山时防跌打扭伤,注意休息,不宜过度疲劳。适量补充糖水。由于在旅途中,跋山涉水等剧烈运动会消耗大量的热量,体内贮存的糖量无法满足运动的需要。因此,参加大运动量和过长时间的运动时,适当喝些糖水,以及时补充体内能量消耗。

在严寒地带还要特别注意防止冻伤。要保持四肢的干燥,涂上油脂,比如动物的脂肪,是最有效的办法。千万不可用雪、酒精、煤油或汽油擦冻伤了的肢体,按摩同样有害。

讲究饮食卫生,不吃不洁净瓜果和饭菜,不喝过期或不卫生饮品。旅行饮食加强警惕,在流行性疾病传播季节和寄生虫病流行地区,尽可能避免和疫水接触,做好相应的预防工作。有的旅游者在旅途中饱一顿,饥一顿,看见好吃的就暴食暴饮,没有好吃的便不吃,这种做法是十分错误的。

2. 野外旅游如何应付意外

在野外旅游时,可能会遇到各种意外事故,以下介绍几种应急措施。

(1)被毒蛇、昆虫咬伤。

在野外如被毒蛇咬伤,患者会出现出血、局部红肿和疼痛等症状,严重时几小时内就会死亡。这时要迅速用布条、手帕、领带等将伤口上部扎紧,以防止蛇毒扩散,然后用消过毒的刀在伤口处划开一个长1厘米、深0.5厘米左右的刀口,用力将毒液挤出。如口腔黏膜没有损伤,可用口吸出,其消化液可起到中和作用,所以不必担心中毒。

(2)被昆虫叮咬或蜇伤。

用冰或凉水冷敷后,在伤口处涂抹氨水。如果被蜜蜂蜇了,用镊子等将刺拔出后再涂抹氨水或牛奶。

(3)骨折或脱臼

骨折或脱臼时,用夹板固定后再用冰冷敷。从大树或岩石上摔下来伤到脊椎时,将患者放在平坦而坚固的担架上固定,不让身子晃动,然后送往医院。

（4）外伤出血

野外备餐时如被刀等利器割伤，可用干净水冲洗，然后用手巾等包住。轻微出血可采用压迫止血法，一小时过后每隔10分钟左右要松开一下，以保障血液循环。

（5）食物中毒

吃了腐败变质的食物，除会腹痛、腹泻外，还伴有发烧和衰弱等症状，应多喝些饮料或盐水，也可采取催吐的方法将食物吐出来。乘坐交通工具一旦遇到意外事故，不要惊惶失措，以下的一些办法可助你转危为安或减少伤害。

3. 防止发生纠纷

慎重选择旅行社，防止被骗。临行前比较各家旅行社的信用状况，以及服务质量状况，慎重选择你要出行的旅行社，千万当心上当受骗，使自己的权益受损。

旅行中要谦虚谨慎，不要太随意。避免误会与冲突，谨防上当受骗。假如有人说"您的某某物品掉了"，要十分警惕，不要上当。不要接受和食用陌生人送的食物和饮品等，防止他人暗算。

在车站、码头或风景区，无论用餐、购物、购门票、乘车，还是买土特产、纪念品须看清问清价码，切忌冒冒失失，买后索取发票，没有发票的，记下标记或特征、号码。

忌在风景区乱涂乱画。这种乱涂乱画，既损坏古迹的完善，也是一种不讲精神文明的行为，造成很坏的影响，同时也体现了你的素质。在旅游行程中，拍照、摄像时，注意来往车辆和是否有禁拍标志，不要在设有危险警示标志的地方停留、拍照、摄像。

游客在购物、娱乐时，主要应防止被诈骗、盗劫和抢劫事故发生。要特别注意，不要轻信流动人员的商品推销；无意购物时，不要随意向商家问价还价;不要随商品销售人员到偏僻地方购物或取物;要细心辨别商品的真伪,不要急于付款购物。

4. 住宿时注意事项

(1)使用客房内电器时要科学,不要将电器烧坏而导致火灾。

(2)不要使用自带的瓦数高的电器,以免超过整个酒店电压负荷后导致火灾。

(3)到酒店后做好一些应付火灾的准备,如熟悉楼层的太平门、安全出口和安全楼梯;仔细阅读客房门后的线路图。

(4)注意检查酒店为你所配备的用品是否齐全,有无破损,如有的不全或破损,请立即向酒店服务员或导游报告。

(5)不要将自己住宿的酒店、房间随便告诉陌生人,不要让陌生人或自称酒店的维修人员随便进入房间,出入房间要锁好房门,睡觉前注意房门窗是否关好,保险锁是否锁上,物品最好放于身边,不要放在靠窗的地方。

5. 宿营地的选择

(1)选择能防洪水、防塌方、防潮湿、防雷电、防火、防虫害袭击的地方。

(2)不能设在山岩脚下、悬崖下、冲积丘上以及可能发生雪崩的地方。

(3)不要设在针叶或干枯灌木丛林区,若失火,蔓延很快。

(4)附近要有水源。

6. 旅游保险知识

旅游活动多姿多彩,但作为一次活动过程,为防不测和万一,参加与旅游有关的保险是有益无害的。与旅游有关的保险有以下3种。

(1)车船旅客意外伤害保险。

凡搭乘长途客车、轮船,从验票进站或中途上车(船),到到达旅程终点或下车、下船为保险有效期。根据发生的意外情况,给付保险金。保险费按标价的 5% 计算。

(2)旅客人身意外伤害保险。

在保险期限内,被保险人因意外伤害事故而致身残或丧失身体机能,按规定给付全数、半数或部分保险金额。

(3)住宿旅客人身保险。

保险期限 15 天,从住宿零时起开始算,满期可办理续保。一旦发生意外可根据客人人身伤害情况和财产损坏情况给付保险金。

7. 其他方面的知识

在异地购物不要盲目轻信别人,切忌冲动从众,而要相信自己的判断,管住自己的钱袋,学会自我保护,做个成熟的消费者。有少数导游想尽办法把团队拉到给回扣的商店,任意延长购物时间,乐此不疲地为游客介绍、选购物品,游客被温柔地宰一刀却还被蒙在鼓里。

有些特色商品,体积笨重庞大,随身携带很不方便,不宜购买。人在旅途,游山玩水、乘坐车船并不轻松,行李包越少越好。有些物品还可能易碎,稍不小心中途摔坏,更不必为此花冤枉钱。在某些风景区,经常可见有兜售假冒伪劣商品的,如珍珠、项链、茶叶之类,游客可要经得住价格和叫卖的诱惑。

如果在海边戏水,请勿超越安全警戒线,到酒店的健身房和游泳池锻炼时,要注意自我保护。不熟悉水性者,不得独自下水,切忌酒后下水,切记不可逞强,以免伤害自己。

8. 旅游突发病的紧急自救

(1)心绞痛。有心绞痛病史者,外出旅游时应随身携带急救药物。如发生心绞痛,首先病人坐起,不可搬动,迅速将硝酸甘油片或救心丹等对症药片于舌下含服,以缓解病情。

（2）心源性哮喘。奔波劳累，常会诱发心源性哮喘。病人首先应采取半卧位，并用布带轮流扎紧四肢中的三肢，每隔 5 分钟更换一次，可有效减少回心血量，减轻心脏负担，缓解症状。

（3）支气管哮喘。有哮喘病史的人，外出旅游时应备有喘康速等药物，因为旅游景点的花草可能会诱发哮喘。哮喘一旦发作，应立即在咽喉部喷以喘康速，一般均可奏效。

（4）胆绞痛。旅途中若摄入过多的高脂肪食物，容易诱发急性胆绞痛。发病时患者应平卧，迅速用热水袋敷于右上腹部，也可用大拇指压迫刺激足三里穴，以缓解疼痛。

（5）急性肠胃炎。由于旅途中食物或饮水不洁，极易引起急性肠胃炎。如出现呕吐、腹泻和剧烈腹痛，可口服痢特灵、黄连素或氟哌酸等药物，或将大蒜压碎后服下。

（6）关节扭伤。关节不慎扭伤后，切忌立即搓揉按摩，应立即用冷水或冰块冷敷受伤部位15～20分钟，以减轻肿胀。然后用手帕或绷带扎紧扭伤部位，尽量减少活动。

（7）突然晕倒。切不可乱搬动病人，应就地取平卧位，头偏向一侧，放松裤腰带和领扣，观察其脉搏和呼吸变化。如呼吸、脉搏正常，可用大拇指刺激人中穴使其苏醒；如出现呼吸停止，应立即采取口对口人工呼吸和胸外心脏按压的方法急救。

第三节　野外生存技巧

野外活动范围相对广阔，在人们未知的情况下出现危险的比例相对较高，中学生要在野外活动的过程中时时防范野外遇险的发生，出现了危险中学生要学会求救，保障生命的安全。通常，人们往往无力避免自然灾害在瞬间造成的伤害。但在减轻灾害方面，也并非无事可做，被动地等待救援并不可取，人们需要知道如何自救、互助，并减少损失。

一、野外植物中毒预防

在野外,掌握一定的辨别和救护知识,才能应付和及时处理,化解危险,赢得救治时间。

1. 食物中毒的分类

(1)细菌性食物中毒,有明显的季节性,一般在5～10月份最多,是食用被细菌污染或毒素污染的食物引起,是食物中毒中最常见的一类。

(2)有毒动物食物中毒,摄入了动物性中毒食品引起的,发病率较高,病死率因动物中毒种类而异,有一定的地区性,如河豚中毒常见于清明前后的海河交界地区。

(3)真菌和毒素食物中毒,发病的季节性和地区性比较明显,(如霉变的甘蔗中毒经常发生在初春的北方),发病率和病死率都很高。

(4)化学性食物中毒,发病季节和地区均不明显,发病率和病死率一般都比较高,如有机磷农药中毒、毒鼠强中毒、亚硝酸盐中毒、砷中毒等。

(5)有毒植物食物中毒,毒蘑菇中毒较多见,桐油中毒、苦杏仁中毒、发芽的马铃薯中毒等。

2. 食物中毒的特征

(1)中毒病人一般具有相似的临床表现,常出现恶心、呕吐、腹痛、腹泻等消化道症状。

(2)潜伏期短、呈爆发性。短时间内可能有多数人发病,发病曲线呈突然上升的趋势。

(3)食物中毒的发生与某种食物有关。中毒病人在相近的时间内都食用过同样的中毒食品,未食用者不发病。停止使用该食品后发病很快停止,发病曲线在突然上升后呈突然下降趋势,无余波。

3. 食物中毒的急救

洗胃。神志清醒者,用大量清水分次喝下后,用筷子、勺把或手指刺激咽喉部引起呕吐,初次进水量不超过 500ml,反复进行,直至洗到无色无味为止(但对腐蚀性毒物中毒时则不宜催吐,因为容易引起消化道出血或穿孔。处于昏迷休克也不宜催吐)。

4. 常见有毒植物

在野外活动时,尤其是在山地丛林中行进及寻找食物时要十分小心。因为不仅是野生动物会伤人,植物也能伤人。甚至有些植物触摸就能引起伤害。另外,有些菌类食用后也会引起中毒,严重者将导致死亡。下面就介绍一部分有毒植物,在野外活动中要小心对待。

(1)触摸就有害的植物

一些植物,人一旦与其接触,就会受到严重刺激,引发皮疹。应立即用水冲洗受刺激部位。①毒漆树。高 2～6m,树干无毛。奇性复叶,小叶卵形对生,背部有黑色腺点,白色浆果簇生。②毒栎。与毒常春藤相似,但树型更小,直生。小叶卵形,三片,掌状复叶,白色浆果。③毒常春藤。树型更小,茎扭曲缠绕或直生。复叶上着生三小叶,叶形多变,绿色花,白色浆果。④宝石草。常与毒常春藤伴生。花瓣淡黄色,略带橙红色斑点,种荚爆裂时会射出刺激性汁液。

(2)食用消化性有毒植物。

一些植物,食用后会引起身体不适,严重者会危及生命。所以在野外食用植物要注意辨识。

①狼毒草,又名叫断肠草。高 16.5～33cm,根浅黄色,有甜味。叶片呈线形,花黄色或白色,也有紫红色。全棵有毒,根部的毒性最大。吃后呕吐、烧心、腹痛不止,严重的可造成死亡。

②夺命草,高约 30～60cm,茎基部着生长条形叶。花茎顶端生绿白色六瓣花。人们很容易将其误认为野百合或野洋葱。

③毒芹和水毒芹。分布广泛,都属于伞形科植物。具有伞形花序的植物种类很多,而且都密集簇生着许多小花,很难区分。高达 2m,茎多

分枝,中空茎,外布紫色斑点。复羽状复叶对生,复伞房花序,小花白色,根也为白色。分布于荒川野草丛中。气味难闻,毒性很大。植株平均高为 0.6～1.3m,多分枝,茎上分布紫色条纹,密生根,奇数复叶,小叶双齿状裂,复伞房花序,白色小花簇生。总是分布在水边。气味令人难受,有毒。

④毛茛(猴蒜),属毛茛科,多年生草本。密被开展或贴伏的柔毛,基生叶和茎生叶具长柄。单歧聚伞花序,具少数花;花瓣5,亮黄色,花冠直径1.5～2.2cm。生于水边湿地、山坡草丛中。植株高度 30～70cm,分布在全国各地。

⑤荨麻树,热带地区广为分布,常依水而生,小型乔木,宽梭形叶片带刺毛,花枝下垂——很像栽培种荨麻。刺激皮肤的刺毛也类似荨麻,但毒害更大。种子毒性也很强。所以千万别去触碰荨麻的刺毛。

⑥苍耳子,又名耳棵。生长在田间、路旁和洼地。三四月份长出小苗,幼苗像黄豆芽,向阳的地方又像向日葵苗;成年后粗大,叶像心脏形,周围有锯齿,秋后结带硬刺的种子。全棵有毒,幼芽及种子的毒性最大,吃后可造成死亡。

⑦野生地,又名猪妈妈、老头喝酒。春天开紫红色花,有的带黄色,花的形状像唇形的芝麻花。根黄色,叶上有毛,有苦味。吃后吐、泻、头晕和昏迷。

⑧曼陀罗(山茄子),直立草本,高 1～2cm。叶宽卵形,长 8～12cm,宽4～12cm,顶端渐尖,基部不对称楔形,长 5～13cm,宽 4～6cm,全缘或有波状短齿。花单生,直立;花萼筒状,稍有棱裂,长 4～6cm,顶端 5 裂,不紧贴花冠筒;花冠漏斗状,白色、紫色或淡黄色,常常有重瓣。蒴果近球形或扁球形。

⑨曲菜娘子,冬季根不死,春天出芽,长出小苗。叶狭长较厚而硬,边有锯齿,大部分叶子贴着地面生长,秋后抽茎,高16.5～33 厘米。籽很

小,上有白毛。幼苗容易和曲菜苗相混,但曲菜叶较宽而软,锯齿也不明显。吃了曲菜娘子脸部会变肿。

二、野外基本生存医学技巧

在野外活动,也一定要掌握一定的医学常识,这样的话就可以更好地保护自己的安全。主要包括以下几个方面。

1. 不要等到口渴的时候再去喝水,要定时补充水分以防止脱水。如果体力消耗很大,或者情况比较严重,可以适当增加水的摄入量。要喝足够的水,在炎热气候下,一天必须喝 1.8～3.6L 的水。在任何情况下都不要喝海水和尿液,尽管它们可以暂时止渴,但是实际上会造成更多的水分流失,导致脱水,喝多了还会导致死亡。

2. 保护双脚。在出发前要先试穿一下鞋子。每天都要清洗并按摩脚部,指甲要剪平。检查脚上有没有长水泡,如果长了水泡,不要弄破它。没有破损的水泡是不会感染病菌的。在水泡周围敷上药膏,记住不要直接敷在水泡上。如果水泡破了,要清洗干净,用绷带包扎好。

3. 由于剧烈的运动会出现呼吸道阻塞的情况,呼吸道阻塞的症状就是患者呼吸困难,大口大口地喘气,皮肤青紫,患者嘴唇、耳朵、手指周围的皮肤明显变青或者变得苍白,呼吸道阻塞容易导致肺部空气供给不足,造成脑部受损,最终导致死亡。

4. 要注意个人卫生。在任何情况下,清洁都是预防感染和疾病的重要因素。要注意防范蚊虫叮咬,以免传染病毒细菌,可以打一些疫苗、使用驱虫剂、穿适当的衣服等。

5. 在野外受伤的时候要注意伤口的清理、包扎,防止感染。在野外活动中偶尔会发生骨折、脱臼的事件,这就要求我们掌握一定的急救方法。可以找两块木板,将骨折的地方固定,保持长短一样,同时给两个夹板之间加上一个衬垫,利用身边的绳子等将身体顺着受伤的地方向下捆扎,同时还要定期检查,以防材料变松失去牵引作用。至于脱臼的情况,就要用人工牵引或者重物拉伸的方法把脱臼的骨头还原到原来的位置，然后找适当的木板把受伤的部位固定。

三、野外迷失方向的防范

野外地广人稀，处处存在不确定性因素，在一个陌生的环境里极其容易迷路，容易走失，这就要求中学生掌握一定的野外识别方向的技能，以防危险。

1. 利用阳光和阴影

太阳东升西落，但不是正东或者正西，而且不同的季节之间也有差别。在北半球，阴影由西向东移动，中午的时候指北。在南半球，阴影正午时指南。我们还可以利用手表来判断方向，你可以把手表放在地上，在北半球使手表保持水平，并且把指针指向太阳，把时针和 12 点的标记之间的角等分成两份，得到南北线。

2. 利用月亮辨别方向

因为月亮本身不发光，我们只有在月亮反射太阳光时才能看到它。如果月亮在太阳落山前升起，其发光的一侧指向西，如果月亮在后半夜升起，发光的一侧指向东。

3. 利用星辰辨别方向

以北极星为目标。首先找勺状的北斗七星，以勺柄上的两颗星的间隔延长，就能在此直线上找到北极星，北极星所在的方向就是正北方。

4. 利用地物判断

(1)独立的大树通常南面枝叶茂盛，树皮光滑，北面树枝稀疏树皮粗糙。其南面，通常青草茂密，北面较潮湿，长有青苔。

(2)森林中空地的北部边缘青草较茂密。树桩断面的年轮，一般南面间隔大，北面间隔小。

(3)在岩石众多的地方，你也可以找一块醒目的岩石来观察，岩石上布满青苔的一面是北侧，干燥光秃的一面为南侧。

（4）春季积雪先融化的一面朝南方,后融化的一面朝北方。坑穴和凹地则北面向阳融雪较早。北方冻土地带的河流,多为北岸平缓南岸陡立。

5. 利用风向

风是塑造沙漠地表面形态的重要因素,沙丘和沙垄的迎风面,坡度较缓;背风面,坡度较陡。我国西北地区,由于盛行西北风,沙丘一般形成西北向东南走向。沙丘西北面坡度小,沙质较硬,东南面坡度大,沙质松软。在西北风的作用下,沙漠地区的植物向东南方向倾斜。蒙古包的门通常也朝向背风的东南方向。冬季在枯草附近往往形成许多小雪垄、沙垄,其头部大尾部小,头部所指的方向就是西北方向。

四、野外遇险求救方法

在野外被困的事件时有发生,危险无可避免,在遇到危险的时候我们不能坐以待毙,要学会一定的求救办法,掌握时间和时机,尽快让自己摆脱危险。

1. 烟火信号

燃放 3 堆火焰是国际通行的求救信号,将火堆摆成三角形,每堆之间的间隔相等最为理想,这样安排也方便点燃。如果燃料稀缺或者自己伤势严重,或者由于饥饿,过度虚弱,凑不够三堆火焰,那么点燃一堆也行。有时候不可能让所有的信号火种整天燃烧,这种情况下应随时准备妥当,使燃料保持干燥,一旦有任何飞机路过,就尽快点燃求助。在白天,烟雾是良好的定位器,火堆上添加些绿草、树叶、苔藓都会产生浓烟,浓烟升空后与周围环境形成强烈对比,易受人注意。其实,任何潮湿的东西都产生烟雾,潮湿的草席可熏烧很长时间,同时飞虫也难以逼近伤人。晚上可放些干柴,使火烧旺,使火升高。

2. 声音信号

如隔得较近,可大声呼喊或用木棒敲打树干,吹哨子,打击金属器皿,让声音尽量大地传播,同时要不间断地呼救,让救援人员更加方便地确定你的位置。

3. 反光信号

利用阳光和一个反射镜即可射出信号光。任何明亮的材料都可加以利用,让光线任意传播,随意反照,引人注目。如果自己体力有限,那么就要注意环视天空,如果有飞机靠近,就快速反射出信号光。这种光线或许会使营救人员目眩,所以一旦确定自己已被发现,应立刻停止反射光线。

4. 旗语信号

将一面旗子或者布固定在一根木棒上,使劲挥舞,这样人们就会顺利地发现你的位置,尽快实施救援。

5. 抛物求救

在高处遇险被困时,可以通过抛掷软物,如书本、衣服、塑料瓶子,引起下方人的注意并指示方位。

6. 留下信息

当离开危险地时,要留下一些信号物,以备让救援人员发现。地面信号物使营救者能了解你的位置或者过去的位置,方向指示标有助于他们寻找你的行动路径。一路上要不断留下指示标,这样做不仅可以让救援人员追寻而至,在自己希望返回时,也不致迷路,如果迷失了方向,找不着想走的路线,它就可以成为一个向导。

掌握一定的野外求生技巧,保障自己的生命安全,缩短救援时间,这样人们的生命安全才能得到更大的保障。

五、野外生存常识

在野外人们所携带的饮用水和食物是一定的,在人们出现任何事故的情况下,饮用水和食物就会出现短缺,这就要求我们学会在野外寻找食物和水源。

1. 野外寻找水源

在许多干旱的沙漠、戈壁地区，生长着柽柳、铃铛刺等灌木丛，这些植物告诉我们，这里地表下就有地下水。

(1)在南方，根深叶茂的竹丛不仅生长在河流岸边，也常生长在与地下河有关的岩溶大裂隙、落水洞口的地方。例如，在广西许多岩溶谷地、洼地，成串的或独立的竹丛地，常常就是大落水洞的标志。这些落水洞，有的在洞口能直接看到水，有的在洞口看不到水，但只要深入下去，往往便能找到地下水。

(2)在野外如果碰见下雨的天气，可以利用随身携带的容器收集雨水来饮用，但是要注意保持干净，以防感染细菌。

(3)海水的淡化。可以将海水冻结，然后用热水煮开，或者是用具有一定过滤功能的东西进行过滤、净化。

(4)还有一些植物的根茎可以食用来摄取水分。

2. 野外寻找食物

在条件简朴的户外，我们吃不到可口美味的大餐，但我们不得不吃一些"纯天然"的食物帮助自己恢复体力，回到文明世界。

在野外最方便获得的食物是植物的果实、花、块根以及嫩茎、叶。平时多看一些植物图谱，将有助你鉴别可以食用的植物及其果实。需要注意的是，菌类虽然很容易碰到，但其中80％以上是有毒的，而且很难区分，同时绝大部分菌类的营养价值都很低，除非必要，一般不要去冒险尝试食用它们。蕨类植物也是常见的可食植物，它们往往长在大树的树荫下或岩石缝隙中，嫩叶和茎可食，但如果有些肉质茎表面带有黏液的品种，必须放进开水中将黏液烫去，然后换水再洗，反复几次后才能煮熟食用。

昆虫和蠕虫虽然其貌不扬，但体内含有大量蛋白质，其含量甚至比牛肉的还高，能够迅速补充体力，同时相对其他动物来说，它们更容易捕捉,因此是学会吃虫是野外生存的一项必修功课。大部分虫类不必加工就可以生食,其中最适于作为食物的是白蚁,只是捕捉到足够的数量有些麻烦。而甲虫或蛾类的幼虫看起来很可怕,但也可以生吃,其味道与幼虫以何为食有关,有时的确有特殊的异味,但它们和蚯蚓一样,虽然很难吃,但关键的时候可以用来救命。

鱼是相对容易捕捉的一类野生动物,最重要的一点是,淡水鱼全部是可以安全食用的。对于浅塘中成群的小鱼,可以直接用手或大树叶捕捉,从营养成分上来说,小鱼和大鱼并没有区别。在溪流中抓鱼时,可以先在上、下游各筑起一道堤坝,然后用木棍敲打,即使没有直接打中鱼,也会通过水的传递作用将其震昏。如果想多捕几条体形较大的鱼,则要借助于工具了。

此外,虽然鸟不易捕到,但可以通过鸟粪和羽毛来确定鸟窝的位置,进而找到富有养分的鸟蛋。

哺乳动物的肉营养更加充足,口味也更好,但很难直接捕捉,遇险者一般需要自己制作一些陷阱或捕猎工具。其中最简单的是套索,用细钢丝或结实的细绳——比如鞋带或伞绳,一头打成一个小圈,再将另一头穿过,然后将它放在动物居住的洞穴口或是它们经常路过的通道上,底部离开地面一定距离,再将未打圈的一头固定在插在地上的树棍上,就做成了一个致命的套索,细绳做的套子较软,两边需要用树棍撑起。套到猎物的诀窍是熟悉其习性,能够辨识它的活动路径,另外为提高捕获率,可以多设几处。另外一种简单的武器是投掷棒,它是一根有一定重量的结实的短木棒,使用方法是小心地靠近猎物,然后瞄准猎物,用力将其掷出,使其一边旋转一边前进。野兔一般是遇险者所能捕到的最大的哺乳动物,它可以剥皮后穿在树枝上烤熟,注意要经常翻转,一般成年兔子要烤 30 分钟以上才能熟透。使用投掷棒、自制长矛和弓箭猎取野兽要耗费很多体力,所以在遇险者并不精通此方面技巧时,要三思而后行,因为从一只野兔身上获得的能量可能远远不及捕捉它时所耗费的。

面对不同的环境,我们应当沉着冷静,积极寻找不同的食物帮助我们走出野外。

3.寻找食物注意事项

在采摘植物时要选择绿色嫩枝、块茎、球状根、果实,不要采集有乳白色汁液的植物,不要采集颜色鲜亮的食物。吃之前先切下一段闻闻,也可以取汁涂抹在手臂,感觉不适立即丢弃,以防中毒。

在捕食动物的时候要注意了解动物的习性,观察它们出没的地点,同时尽量不要去侵犯那些攻击力相对较强的动物,以防受伤。

4.危险动物

在野外是动物的天堂,各种各样的动物悉数可见,所以说在野外活动的时候要加强对动物的防范。一旦遇见兽类,应迅速强迫自己冷静下来,正视它的眼睛,让它看不出你下一步的行动。你要保持警惕,但不要主动发动攻击,不要背对对方,要面对对方,慢慢向后退。同时不能让它看出你想逃跑,如果它跟进则应立即停止后退。下面我们简单介绍一下几种比较危险的动物,希望同学们可以加强防范。

(1)蛇

蛇类喜欢栖息在温度适宜,距水源较近,食物丰富,捕食方便、易于隐身的环境中。多在坟丘、石缝、老鼠或田鼠遗弃的洞穴栖息。对周围环境温度极为敏感,温度在 20℃～30℃条件下,蛇活动极为频繁;13℃以下寻找温暖处冬眠;30℃以上常到阴凉处栖息或到水中洗澡。为防止毒蛇咬伤,我们要注意以下几点。

进入森林巡护应穿好衣服,尤其要穿好鞋、袜,并把裤腿扎紧,如有可能最好打上绑腿。因在地面活动的毒蛇多半咬行人的下肢,尤其是脚部。

林中行走时,对横在路上可以一步跨越的树干不要一步跨过,应先站上树干,看清楚再走,因为蛇爱躲在倒树下休息,一步跨过很可能踩上蛇身被咬。坐下来休息时,先用木棍将周围草丛打几下将蛇惊走。

由于大多数毒蛇不主动攻击人,而且对地面的震动特别敏感,可用手杖、树枝敲打地面探路,将蛇赶走。栖息在树上的毒蛇,如竹叶青,颜色与树叶相同,难以分清;因而穿越树林时需戴上帽子,以防头部被咬,如无帽子可临时用布或衣服制作一顶。

碰到蛇的主动攻击,不要慌张,稳妥的办法是轻轻地拿出东西向一边抛去,或用其他办法在旁边发出动作震动,引诱蛇向一边扑去,这时,才可以逃走或设法打死它。

夜间在森林中行走或活动要携带必要的照明工具和急救药品。使用手电,尽量不用火把,有颊窝的毒蛇,能感应到火把的红外线,会误以为是猎物,进行攻击。

被蛇咬伤后,会留下八字形的伤口,如系毒蛇所咬,会在伤口前段留下两个比其他牙痕显著要大的毒牙痕迹。被毒蛇咬伤后,不要作剧烈运动,如猛跑,哭喊等。这样会加速血液循环,加快中毒速度。被毒蛇咬后,通常会在几小时或几天内使人致死。被毒蛇咬后,有时伤口剧痛,有时并不很痛,这是因为毒蛇的毒液种类不同。毒液可分为血循毒、神经毒和混合毒 3 类。神经毒麻痹人的神经,所以不太疼,遇到这种情况,千万不可麻痹大意。银环蛇属神经毒,被咬后伤口不疼,容易被忽视。

被蛇咬伤后,立即在伤口上方用止血带或布条、绳子等结扎,阻止毒素蔓延到其他部位。扎的松紧程度,以阻断淋巴管和静脉的血流,不妨碍动脉供血为好,这样伤口周围形成淤血区便于吮吸。结扎应在被毒蛇咬后立即进行,越快越好。30 分钟后再处理已没有什么作用。如有条件,伤部用冰敷,以减慢毒素吸收。结扎每隔 15 分钟松开 1～2 分钟,以防局部缺血,待作彻底排毒后方可除去。结扎后立即用盐水、高锰酸钾溶液、或温开水、清水冲洗伤口,用小刀将残留的毒牙除去,将牙痕间的皮肤切开使之出血,流血不止的伤口禁止切开。注意掌握切口深浅,太浅毒液不能排出,切得太深又可能伤及神经肌腱,后果会更严重。因此最好用针在伤口周围扎些小孔,使血液和组织液从中流出,组织液中排出的毒素要比血中排出的多。

不提倡用口吸吮毒液的方法,因口中常有小块黏膜破伤,不易察觉。最好用拔火罐的方法吸出毒液。为了抑制蛇毒的作用,咬伤后立即用各种蛇药,如季德胜蛇药片,蛇伤急救盒内的蛇药在伤口敷用。也可采集七叶一枝花、半边莲等草药服用及外敷。如果因蛇伤引起中毒性休克、呼吸衰竭,要采用心肺复苏术,维持呼吸道通畅,并进行人工呼吸和胸外心脏按压。

（2）蝎子

世界各地的沙漠、丛林和热带、亚热带的森林都会出现蝎子。被蝎子叮咬致死的情况不多见,但是在儿童、老人和病人中却是经常出现的,蝎子有一个竖立的顶端带刺的肢节尾巴,人们都应该认识,蜇人时毒液由此进入伤口。蝎毒内含毒性蛋白,主要有神经毒素、溶血毒素、出血毒素及使心脏和血管收缩的毒素等。

被蝎子蜇伤处常发生大片红肿、剧痛,轻者几天后症状消失,重者可出现寒战、发热、恶心呕吐、肌肉强直、流涎、头痛、头晕、昏睡、盗汗、呼吸增快等,甚至抽搐及内脏出血,水肿等病变。一旦被蝎子蜇伤,处理方法基本同毒蛇咬伤,若蜇在四肢,应立即在伤部上方（近心端）约2~3cm处用手帕、布带或绳子绑紧,同时拔出毒钩,并用挤压、吸吮等方法,尽量使含有毒素的血液由伤口挤出,必要时请医生切开伤口吸取毒液,然后用3％氨水、5％苏打水或1:5000高锰酸钾液洗涤伤口,或将明矾研碎用醋调成糊状涂在伤口上。伤口妥善处理后即可将绑扎带松开;根据情况,可预防性应用一些抗生素,中毒严重者及儿童,应立即送医院救治。野外预防蝎子侵害应首先清除住宿地周围砖瓦、石块、杂草枯叶,使蝎子无栖息场所。夜晚活动以灯光或手电筒照明,防止在黑暗中直接以手触到。

（3）野蜂

蜂一般不主动攻击人,所以人不要主动攻击蜂巢,要避免闯入它们的活动区域。有零星的黄蜂在身边飞舞时,不必惊慌,不要拍打,尽快用衣物包裹暴露部位,蹲伏不动。遇到黄蜂,千万不能跑:黄蜂对气流非常敏感,人一跑会产生气流,刺激黄蜂,黄蜂群会顺着气流"蜂拥而上"一路追击你。正确的方法是迅速蹲下,用衣服把身体裸露的部分包上。

被黄蜂蜇后皮肤会立刻红肿、疼痛,甚至出现瘀点和皮肤坏死;眼睛被蜇时疼痛剧烈,流泪,红肿,可以发生角膜溃疡。全身症状有头晕、头痛、呕吐、腹痛、腹泻、烦躁不安、血压升高等,以上症状一般在数小时至数天内消失:严重者可有嗜睡、全身水肿、少尿、昏迷、溶血、心肌炎、肝炎、急性肾功能衰竭和休克。部分对蜂毒过敏者可表现为荨麻疹、过敏性休克等,甚至有生命危险。

　　被蜂蜇伤后,要仔细检查伤处,如果皮内留有毒刺,应先将它拔除。若被蜜蜂蜇伤,因蜜蜂毒液是酸性的,故可选用肥皂水或 3％氨水、5％碳酸氢钠液、食盐水等洗净伤口。黄蜂的毒性比较大,是偏碱性的,如果被黄蜂蜇伤,要用食醋洗敷,也可将鲜马齿苋洗净挤汁涂于伤口。

第八讲　防范不法侵害

　　中学生的人身安全是指个人的生命、健康、行动等与人的身体直接相关的平安和健康,不受到威胁,不出事故,没有危险。人身伤害根据造成损害的原因的不同,分为四个类型:①自然灾害造成的人身伤害,如火山爆发、台风、飓风、地震、森林大火、水灾、雷击、海啸等;②意外事故造成的人身伤害,如运动损伤、溺水、烧(烫)伤、化学物质灼伤、触电、爆炸等;③人为因素造成的人身伤害,如打架斗殴、食物中毒、传染病等;④不法侵害造成的人身伤害,如抢劫、滋扰、传销、性侵害等。人身安全是中学生赖以生存和完成学业的首要条件,是最根本的安全。

第一节　预防伤害

一、中学生被伤害的原因

　　(1)社会上,特别是校园周边存在治安复杂场所。如餐厅、歌舞厅、网吧、酒吧等,其中有的场所治安管理不善,不时有违法人员寻衅滋事。中学生进出这些场所,容易受到伤害。

　　(2)在校园里,如操场、食堂等公共场所,中学生与教职工、家属子弟、外来人口等发生纠纷,不能妥善处理,以致发生斗殴,受到伤害;极个别外来人员,在校园内寻衅滋事,殴打中学生,使中学生受到伤害。

　　(3)个别中学生由于不注意生活细节或者不注重礼仪,损害了他人的利益,往往产生了口角、谩骂,有些同学不能保持冷静克制,常常发展到打架斗殴,造成人身伤害。

　　(4)个别中学生因一些矛盾处理不好,相互忌恨成仇。

二、预防伤害应注意的几点事项

预防中学生受伤害,是一项综合性工作,需要各级政府部门认真整顿校园周边秩序,也需要公安、保卫组织维护好校园内部的治安秩序。

1. 中学生应尽量少去或者不去治安复杂的场所,避免与社会闲散人员发生矛盾。

2. 中学生在处理与同学关系时,应该互相关心,互相照顾,相互谅解,求同存异。大家来的地方不同,成长环境不同,家庭条件不同,各人有各人的性格,在生活、处事方式上存在差异是正常的。大家在一起生活,要互相尊重,严于律己,宽以待人,营造一种和谐、和睦的氛围。

3. 认真学习并严格遵守学校的规章制度。学校为了有秩序地组织教学活动,为了师生有秩序地生活,制定了各种规章制度。这些规章制度中有相当一部分内容是调解学生相互关系的准则。例如几点起床,几点上课,几点午休,几点熄灯睡觉等。这些规章制度是大家都要遵守的准则,大家都自觉去遵守了,生活中便出现了许多共同点,少了许多纠纷的可能。

4. 避免社会不良风气的侵蚀,预防黄、赌、毒的侵害和烟酒造成的人身危害。中国有一种不好的习气,哥们儿义气、老乡观念。似乎一有了这种关系,便没有原则是非了,只要是哥们儿的事,老乡的事,有求必应,为朋友两肋插刀,也在所不惜。殊不知,当朋友、老乡与人发生纠纷以致斗殴时,你如果从哥们儿义气出发,鲁莽介入,必然把事情办坏,越帮越乱。

5. 讲究社会主义精神文明,学会用文明幽默的语言化解纠纷。俗语说"祸从口出",即说话不当可能引来祸端。语言美是社会主义精神文明的重要内容,当你不小心碰撞别人,踩了别人脚,或把别人的书本碰到地上,总之,由于你的不小心,伤害了别人的利益,要真心实意地向人说一句"对不起"。反过来由于别人不小心伤害了自己利益时,要大度,虚怀若谷,说一声"没关系",这样纠纷就会自然化解。

6. 及时化解矛盾,不要积怨甚久,导致激化。一个班,特别是一个宿舍的同学,在一起生活几年,难免产生矛盾,平时要注意及时化解,因为有些伤人感情的语言和行为容易造成积怨。因此伤害过别人的,事后要主动向对方道歉、赔礼,请对方原谅;被伤害过的人,也可找适当的机会提醒对方注意,表明自己对他有意见。如果不及时化解,就可能积怨成仇,一旦有"导火线",就会火山爆发,矛盾激化,导致发生极端行为。

第二节 预防纠纷斗殴

高校中出现的打架斗殴,绝大部分是因为同学们之间一些小的矛盾纠纷没有得到及时化解而酿成的。本节主要阐述预防化解纠纷和如何防止斗殴,以增强广大同学们的自律意识,确保人身安全。

一、预防纠纷

1. 发生纠纷的原因

(1)拘小节容易发生纠纷;

(2)开玩笑过分或刻意地挖苦别人容易发生纠纷;

(3)猜疑容易发生纠纷;

(4)骂人或不尊重别人容易发生纠纷;

(5)妒忌他人容易发生纠纷;

(6)不谦虚,狂妄自大,目中无人,容易发生纠纷;

(7)极端利己,不容他人,争强好胜容易发生纠纷。

2. 纠纷演化的两种形式

一是争吵斗嘴,互相攻击、谩骂;二是打架斗殴,争吵不断升级,发展为你推我搡,最后大打出手。两种形式,联系紧密,以争吵开始,以打架,甚至造成伤害告终。另外还有其他一些形式,如写恐吓信,背后进行造谣、污蔑等。毕达哥拉斯说过:"愤怒以愚蠢开始,以后悔告终。"

3. 纠纷的危害

(1)损害了中学生的美好形象

当代中学生应当是思想品德高尚、富有创造精神的一代新人。"一个人正如一只时表，是以他的行动来定价值的。"那种争争吵吵，打打闹闹，纠纷四起，内战不休，不仅损害了自己的人格，而且玷污了中学生这一光荣称号。尽管闹纠纷是少数几个人，而受到损害的却是整个中学生的群体形象。

（2）破坏了中学生的成才氛围

同学之间、师生之间、朋友之间真诚相处，和睦团结十分可贵，它不仅可以使你感受到集体的温暖，在良好的环境中培养自己良好的品德，而且可以从他人身上得到帮助，受到启发，以增长自己的学识和为人处世能力。而"内战"四起，纷争不休，只会伤害感情，削弱友谊，破坏团结，瓦解集体。在这种环境中，养成互不信任，怀疑猜测，尔虞我诈，逞强好斗的不良习惯，影响自己成才。

（3）酿成刑事、治安案件，葬送了自己的前程

就纠纷发生的直接原因而言，多数是微不足道的小事，但是一旦成为纠纷，后果则难以收拾。例如，恋爱纠纷可以使人丧生；同学纠纷可以使人镣铐加身；家庭纠纷也可以酿成血案。纠纷是刑事、治安案件的温床，纠纷是破坏安定团结的蛀虫。我们应当引以为戒，牢牢记住他人给我们留下的血的教训。

二、如何防止纠纷

纠纷是中学生生活中的常见现象，又往往会造成严重后果，所以中学生应尽力防止发生纠纷，避免一失足成千古恨。当你预感到可能发生纠纷的时候，希望你尽力做到：

1. 冷静克制，切莫莽撞

无论争执由哪一方引起，都要持冷静态度，不可情绪激动，这就要求我们要大度，虚怀若谷。只有"大着肚皮容物"，才能"立定脚根做人"。对于那些可能发生摩擦的小事，要宽容，一笑了之。

2. 诚实谦虚,不卑不亢

在与同学以及其他人相处中,诚实、谦虚是加强团结,增进友谊的基础,也是消除纠纷的灵丹妙药。有了诚实、谦虚的精神,在发生纠纷的时候,就能认真听取他人的意见,进行认真的自我批评,宽容他人的过失,处理好相互间的争执。要知道,在与他人的交往中,特别在发生争执的时候,诚实、谦虚并不是什么懦弱、妥协,恰恰相反,它是你强大和品德高尚的表现。因为"人有毁我消我者,攻之固益其德,安之亦养其量"。培根说过:"经得起各种诱惑和烦恼的考验,才算达到了最完美的心灵健康。"而"每一次的克制自己,就意味着比以前更加强大"。

3. 注意语言美,切忌爆粗口

实践证明,中学生中的纠纷多数由口角引起,而口角的发生都是恶语伤人的必然结果。俗话说:"良言一句三冬暖","话不投机半句多",深刻揭示了语言与纠纷的辩证关系。语言美是社会主义精神文明的重要内容,当你不小心触犯了别人时,你讲一句"对不起"、"很抱歉"、"请原谅",或者别人触犯了你,向你道歉时,你回敬一句"别客气"、"没关系",紧张气氛就会烟消云散,从而化干戈为玉帛。要做到语言美,一是要说话和气,心平气和地与人说话,以理服人,不强词夺理,不恶语伤人;二是说话要文雅,谈吐雅致,不说粗话、脏话;三是说话要谦虚,尊重对方,不说大话,不盛气凌人。

防止发生纠纷的总的原则是:恪守本分,相互尊敬;互谅互让,求同存异;谦逊有礼,理解万岁!

三、打架斗殴的危害

校园内同学之间交往频繁,由于性格不合、见解不一和利益冲突等原因,必然会引发各种各样的矛盾和纠纷,从而导致打架斗殴现象发生。打架斗殴是校园内的一大公害,成为中学生违法违纪行为的主要表现之一。

1. 酿成刑事、治安案件,葬送自己的前程,给自己和他人及家庭带来巨大伤害。就纠纷发生的直接原因而言,大多数都是微不足道的小事,但是一旦成为纠纷却难以收拾。打架斗殴不仅是刑事、治安案件的温床,也是破坏安定团结的蛀虫,应当引以为戒。

2. 妨碍内部团结,不利于优良校风和学风的建设,破坏中学生成才的优良环境。打架斗殴,只会伤害感情、削弱友谊、破坏团结、瓦解集体。而且还有可能养成逞强好斗的不良习惯,只会影响中学生健康成才。

3. 损害中学生的良好形象,影响学校声誉。学校是知识的殿堂,中学生是未来的栋梁。打架斗殴不仅损害自己的人格,而且还会玷污中学生这一光荣称号。尽管打架斗殴的只是个别人,但受到损害的却是当代中学生整体形象和学校的声誉。

四、怎样防止斗殴

1. 防突发生斗殴的"偏方"——说服术

突发性斗殴往往是由偶然起因不能冷静对待而引起的。制止这种斗殴首先应采取说服的方法,针对不同的对象,认真讲清道理,指出"行少顷之怒,丧终身之躯"的严重后果,使其冲动的头脑迅速冷静下来,不致自酿苦酒。

2. 防报复性斗殴的方法——攻心术和暗示效应

报复性斗殴往往发端于某种奇特的变态心理。在生活中,人们的思想动机必然要从言语、行为等方面显露出来。所以,我们要注意关心同学的思想变化,发现问题及时而又有针对性地进行规劝。同说服术一样,所不同的是攻心术以关切为先导,不直接指出对方的错误,因为那样容易引起对方的反感,或置对方于十分难堪的境地。中学生一般来说自尊心都很强,所以应委婉相劝,攻心为上,用一种相似的人或事来善意暗示对方。

五、遇见斗殴怎么办

如果你遇上别人打架斗殴,请别火上加油,应采取积极的防范措施,

防止扩大事态,并希望你做到:

1. 不围观,不起哄,不介入。

2. 如果你想劝解,应当先问明情况,站在公正的立场上做双方的工作。若劝解无效,应迅速向学校有关领导或保卫部门报告,以防事态扩大。

3. 打架的一方如果是你的同学或熟人,在劝解时要主持公道,切记不可偏袒。在采取隔离措施时,应当首先拉自己的同学或朋友,以免被对方误解为拉偏架。或者将你当作对方的"同伙"而受到无辜伤害。

4. 当学校有关部门调查打架真相时,现场目击人要勇于出来向有关部门提供线索和证据,以保护受害人的合法权益,使肇事人受到惩处。见义勇为是每一个公民应有的道德。

第三节　防范性骚扰

"性骚扰"是借用了一个西方化的法律称呼,实际就是传统意义上的"流氓"行为的现代表述方式。不过"性骚扰"行为的涵盖面比"流氓"小一些,仅是指波及"性权利"方面、违背异性意愿的暗示和挑逗行为。遇到"性骚扰"时不知如何保护自己,会对自己身心健康产生不良影响。下面介绍如何防范性骚扰。

1. 树立自尊自强意识。在学习和生活环境中,树立自己良好的形象,创造较好的人际关系,善于与他人合作,善于鉴别他人言行,使周围的人不会认为你是弱者。

2. 要有不卑不亢的处世态度。特别是少女,千万不要过早陷入情网;不要与校外男性"近距离"交往;莫与那些年岁较大、"成熟"的男性亲近。早恋往往是失身及性犯罪的"序曲",少女在任何地方都应该为自身安全着想,早恋是不明智的。

3. 不要看色情书刊和淫秽录像,不要与社会上性方面不检点的人来往,否则极可能受到不良影响而被拉下"水"。到同学或女伴家聚会时不要喝酒,尤其是不要与同学的兄弟们嬉闹,不要在有成年男性的同学家过夜。

4. 消除贪图小便宜的心理,特别不要轻易接受陌生异性的邀请和馈赠。

5. 在与异性交往时要有足够的性保护意识。有些少女在与异性交往时,接触超过了正常范围,抵挡不住对方的殷勤。由于少女在感情上的不稳定和缺乏经验,容易上当受骗。遇到难题时应多同知心的同性朋友或者是自己的母亲、姐姐诉说实情,征求意见。

6. 当发觉对方有性骚扰的企图时,要把自己的拒绝态度表示得明确而坚定,不可有丝毫犹豫不决。对于异性的不礼貌、不尊重,不可姑息和马虎,应坚定拒绝不适当的交往方式,不可过分顾及面子。要告诉对方,你对他的行为感到非常厌恶,并告诫他,若一意孤行,必将会产生严重后果。立即离开他,以免自己陷入无保护的境地。

7. 对那些总是探询你的隐私,奉承讨好你,以及对你的目光和举止有异常表现的异性,应特别警惕,尽量避免与其单独相处。少女应明确自己的社会角色,不能与个人"私情"相混淆。

8. 要学会自我保护,学些女性自护防身的具体知识,发挥女性观察事物敏锐、直觉超前的优势,防患于未然。与异性交往时,即使是与自己心目中的"白马王子"单独相处,也应避免过度亲密激发性冲动。

9. 单身一人尽量不要夜间外出;不要在行人稀少的小路上行走;不要与陌生男性同时行走,尽量不要与陌生人搭话,在夜间遇到危险或困难时要敢于并善于向他人求助,或大声呼喊,或拼力挣扎,或机智应对,避免或减少人身伤害和财务损失。

第四节　防诈骗的安全知识及预防措施

一、防诈骗的安全知识

1. 街上遇到丢包陷阱怎么办?

生活中你可能会遇到这种情况,一个人在你面前"无意"丢下一包东西,被丢的包里往往装满假钞票、假金银首饰,另一个人上前假意与你一起发现被丢的包,要求平分你拾到的东西,并花言巧语让你得大部分,但要你拿出身上的钱或佩带的金饰抵押,这时请你不要贪图小利,利令智昏,将拾到的东西送交派出所或打110报警是你的第一选择,有可能的话稳住骗子,以利于公安机关打击违法犯罪。

2. 遇到假金器、假药诈骗怎么办?

骗子们往往利用假金元宝、假药草及电子零件、假邮票称家里急用钱,希望低价出售,再安排一些"媒子"假购买,你在对货物判断不出真伪的情况下,千万不要轻易掏钱购买。

3. 碰到有人用外币与你兑换人民币怎么办?

外币兑换应在指定的银行办理。如遇到有人要与你兑换时,在辨别不出外币是何币种及真伪的情况下,最好不要理睬这些人,以免上当。他们通常二至三人,一人假扮兑币人,一人假扮银行工作人员,使用秘鲁币,冒充美元、法郎、新加坡币等外形相近兑率较高的币种,以外地来办事突遭车祸或有急事急需要换钱为由,由假冒的"银行工作人员"鉴定真假后,骗得事主钱财。有时这些街头兑币的把戏还有外国人来上演,我们更要引起注意。街头诈骗的外币一般是假币或是些不值钱的外国货币,受骗上当者往往损失惨重。

4. 外出需购紧张的车票的,遇到陌生人主动帮你购票怎么办?

请相信你自己的判断力,自己到窗口排队买来的票是真的。

5. 外出旅行时,遇到热情同路人请你共饮共餐怎么办?

不要被他人的盛情迷惑,要谢谢他的好意,婉言拒绝。

6. 遇到免费推销商品中奖怎么办?

当你行走在街头时,遇到有人向你免费推销产品,当你打开产品,恭喜你中奖时,你可千万别上当,因为当你领完奖品时,骗子常会谎称奖品必须交纳一部分税金,从而骗取你的钱财。

7. 遇到无赖讹诈怎么办?

当你外出,遇到无赖突然歪倒在你的车前,谎称你将他撞倒,要求你赔医药费、损失费或是他们故意与你迎面相撞,将不值几文的变色镜,所谓的"金表"扔到地上,说你把它撞坏了,必须赔他时,不必跟他争吵,你说那行,咱们上派出所去处理,这招不灵,你可以称身上没有带钱,可跟你回住处取等方法与之周旋,并寻找机会向附近的派出所报案。

二、诈骗案件的预防措施

1. 提高防范意识,学会自我保护。社会环境千变万化,青少年学生必须尽快适应环境,学会保护自己。要积极参加学校组织的法制和安全防范教育活动,多知道、多了解、多掌握一些防范知识对于自己有百利而无一害。在日常生活中要做到不贪图便宜、不谋取私利;在提倡助人为乐、奉献爱心的同时,要提高警惕性,不能轻信花言巧语;不要把自己的家庭地址等情况随便告诉生人,以免上当受骗;不能用不正当的手段谋求择业和出国;发现可疑人员要及时报告,上当受骗后要及时报案、大胆揭发,使犯罪分子受到应有的法律制裁。

2. 交友要谨慎,避免以感情代替理智。人的感情是主体与客体的交流,既是主观体验也是对外界的反映,本身应该包含合理的理智成分。如果只凭感情用事,一味"跟着感觉走",往往容易上当受骗。交友最基本的原则有两条:一是择其善者而从之,真正的朋友应该建立在志同道合、高尚的道德情操基础之上,是真诚的感情交流而不是简单的利益关系,要学会了解、理解和谅解;二是严格做到"四戒",即戒交低级下流之辈,戒交挥金如土之流,戒交吃喝嫖赌之徒,戒交游手好闲之人。与人交往要区别对待,保持应有的理智。对于熟人或朋友介绍的人,要学会"听其言、察其色、辨其行",而不能"一是朋友,都是朋友"。对于"初相识的朋友",不要轻易"掏心窝子",更不能言听计从、受其摆布利用。对于那些"来如风雨,去如微尘"的上门客,态度要热情、处置要小心,尽量不为他们提供单独行动的时间和空间,以避免给犯罪分子创造作案条件。

3. 同学之间要互相沟通、互相帮助。在学校里,大家向往着同一个学习目标,生活和学习是统一的、同步的,同学间、师生间应该加强沟通、互相帮助。有些同学习惯于把个人的交往看作是个人隐私,但必须了解,既然是交往就不存在绝对保密。有些交往关系,在自己认为合适的范围内适当透露或公开,更符合安全需要,特别是在自己觉得可能会吃亏上当时,与同学有所沟通或许就会得到一些帮助并避免受害。

4. 服从校园管理,自觉遵守校纪校规。为了加强校园管理,学校制定了一系列管理制度和规定。制度,总是用来约束人们行为的,在执行过程中可能会给同学们带来一些不便;但是制度却是必不可少的,况且,绝大多数校园管理制度都是为控制闲杂人员和犯罪分子混入校园作案,以维护学生正当权益和校园秩序而制定的。因此,同学们一定要认真执行有关规定,自觉遵守校纪校规,积极支持有关部门履行管理职能,并努力发挥出自己应有的作用。

第五节　防抢的安全知识

1. 到银行取款、存款时,如取、存大额款项,需有人陪同。在校验密码时,注意一米范围内人员。请不要把填写有误的存取款单随手扔掉,应带到别处撕碎,因为存款单上可能留有你的账号及身份证号等信息。

2. 我们生活中常遇到上门推销的情况,请记住:天上不会掉馅饼的,要一概拒绝,不要与其纠缠,更不要开门让其进屋。

3. 有陌生人称替你家人代送物品,你不妨打个电话先核实一下,向家人问清情况后,再开门,千万不要轻信而马上开门。还有的以抄水表、煤气表、维修之类理由想进家门,你在无法确定真假时,不妨婉言拒绝,待家人回来后再说,千万不要轻易开门。

4. 骑车走路如何防抢?

飞车抢夺一直是案发较高的街面案件,受害者往往为单身夜行的女性。有两种作案手法,一是两人骑摩托车,由坐在后座者实施抢夺;另一种是驾小车抢劫,作案时间多在夜间 10 点至凌晨 5 点,作案地点多在小巷及便于逃脱的岔路口。夜间外出的女性要注意走在人多光线亮的地方,最好结伴而行,对于悄悄驶近的摩托车、小车要注意防范。请把你腰间的手机盒扣好,女同学挎包不可单肩背,应斜挎在身上,以防顺手牵羊或割断包带被抢。手提包是女性不可或缺的物件,包里往往装有现金、信用卡、钥匙、通讯录、手机等。歹徒在晚间,便常常把贪婪邪恶的目光瞄向女士们的手提包。许多女士很随意地把包挂在肩上,或放在自行车前面的车篓里,其实是很不安全的做法。如果携包步行,相对安全的方法是把包提在手里或斜挎在胸前。骑自行车带包时,如果包放在车前篓里,带子一定要在车把上多缠几道,短到歹徒的手抓不到为好;如果背在身上,当然应像小学生一样斜挎,并注意把包垂在胸前。

5. 当你骑自行车在正常行驶时,发现车子突然骑不动,首先要将车篓内物品抓牢,将包背在身上,因为常有犯罪分子往后车轮扔布条、钢丝等,当你查找原因时,而趁机抢包。

6. 女性单独夜归时,要留意身后是否有人盯梢,在偏僻的路段如有人始终跟在不远处的身后,尤其要提高警惕。怀疑被人跟踪时,则要向灯火较亮、行人集中的地方行走;确定被跟踪时,应避免停下来与对方正面冲突,而应就近进入热闹的商店或有治安人员的地方,或找最近的居民家向主人求援并打电话与家人、朋友联系。当你在上下楼之间、楼梯口或院子门口遇到生人时,要留心,发现生人尾随要警惕,特别是进家门时,勿与陌生人一同进楼,必要时,问找谁,防止对方突然袭击。

7. 如何应对歹徒施暴。

女性面对歹徒施暴时,可采取以下方法来自救:一是在较早发现歹徒欲行不轨,歹徒并非熟练的老手且体格较小时,女子可抢起手提包或其他触手可及的物品向对方眼部猛砸去,同时大声呼救逃脱。二是在尚无防备便被歹徒捂住嘴并按倒,拖往僻静处时,要头脑冷静,作出异常恐惧状,待其放松戒心,趁其不备猛提脚,用膝盖猛顶其裆部。或抓一把沙土,掷向歹徒眼睛。另外也可拔下发夹攻击歹徒的眼睛、耳朵、鼻子等易受攻击的部位。三是在势单力孤无法摆脱时,要注意记住歹徒的体貌特征,脱险后及时报警。

8. 遇到意外交通事故时,应迅速呼救,记下肇事车辆车牌号,让他人迅速报警并与家人取得联系,记住目击证人,尽量不要单独随肇事车辆、人员去救治。

9. 遇到拾金不还怎么办?

拾金不昧是中华民族的传统美德,而拾金不还者除了要受道德谴责外,还要受到法律制裁。如果拾到的物品价值巨大,拒不归还者,将构成侵占罪,可处二年以上五年以下有期徒刑,并处罚金。因此,当你发现你丢失的物品被人拾到后不还时,可到派出所报案。

第九讲　防范自然灾害

第一节　地　震

地震是一种自然现象。地球上天天都有地震发生,一年约有 500 万次,但是小地震约占一年中地震总数的 99%,达到强烈破坏程度的 5 级以上的地震,一年中仅有几次到十几次。破坏性地震能使房屋倒塌,人员伤亡,造成巨大的损失。

一、地震的前兆

地震是有某些前兆的。地震前兆现象包括小震活动、地壳变形、海平面变化、地温的异常变化、地下水水位的变化、地声、地光、动物异常、气象异常等。

1. 动物。大地震前,飞禽走兽、家畜家禽、爬行动物、穴居动物和水生动物往往会有不同程度的异常反应。表现有情绪烦躁、惊慌不安,或是高飞乱跳、狂奔乱叫;或是委靡不振,迟迟不进窝等。一般说来,3 级左右的地震前,个别动物出现异常反应。5 级左右的地震前,在一定的地区范围内,常见动物会出现较为明显的异常反应。7 级左右的强烈地震前,较大地区范围内,许多动物出现大量的强烈异常反应。动物异常反应与烈度的分布关系明显。烈度越高的地区,异常反应量越大。

2. 水位。大地震前,地下含水层在构造变动中受到强烈挤压,从而破坏了地表附近的含水层的状态,使地下水重新分布,造成有些区域水位上升,有些区域水位下降。水中化学物质成分的改变,使有些地下水出现水味变异、颜色改变,出现水面浮"油花",打旋冒气泡等。地下水位和水中化学成分的震前异常,在活动断层及其附近地区比较明显,极震区更常集中出现。灾区群众说:井水是个宝,前兆来得早。无雨泉水混,天干井水冒;水位升降大,翻花冒气泡;有的变颜色,有的变味道。天变雨要到,水变地要闹。

3. 地声。不少大地震前数小时至数分钟,少数在震前几天,会有地声从地下传出,有的如飞机的"嗡嗡"声;有的似狂风呼啸;有的像汽车驶过;有的宛如远处闷雷;有的恰似开山放炮;地声的分布很广,高烈度区更为突出。按灾区群众经验说根据地声的特点,能够判断出地震的大小和震中的方向,"大震声音发沉,小震声音发尖;响的声音长,地震在远方;响的声音短,地震在近旁"。

现在,我国各省(市)、各地区都建立了地震监测和研究机构。人们用精密的仪器监视地壳的变化,预测地震的发生,而且预测的准确率正在提高。地震预报是影响到社会生活的大事,所以只有省(市)人民政府才有发布地震预报的权力,任何单位和个人都无权发布地震预报,要坚决抵制误传和谣言。在接到省(市)政府发出的地震预报时,要做到临震不乱,沉着冷静,听从指挥,从容应对。

二、遇到地震的应急措施

大多数地震是有感或轻度破坏地震,所以遇到地震时一定要镇静,并就地躲避,震后迅速撤离到安全的地方是应急防护的较好方法。所谓就近躲避,就是因地制宜地根据不同的情况作出不同的对策。

学校人员如何避震?

在学校中,地震时最需要的是学校领导和教师的冷静与果断。有中长期地震预报的地区,平时要结合教学活动,向学生们讲述地震和防、避震知识。震前要安排好学生转移、撤离的路线和场地;震后沉着地指挥学生有秩序地撤离。在比较坚固、安全的房屋里,可以躲避在课桌下、讲台旁、教学楼内的学生可以到开间小、有管道支撑的房间里,决不可让学生们乱跑或跳楼。

地震时,在街上行走时如何避震?

地震发生时,高层建筑物的玻璃碎片和大楼外侧混凝土碎块以及广告招牌、马口铁板、霓虹灯架等,可能掉下伤人,因此在街上走时,最好将身边的皮包或柔软的物品顶在头上,无物品时也可用手护在头上,尽可能作好自我防御的准备,要镇静,应该迅速离开电线杆和围墙,跑向比较开阔的地区躲避。

地震发生时行驶的车辆应如何应急?

(1)司机应尽快减速,逐步刹车;

○驾车行驶时,应迅速躲开立交桥、陡崖、电线杆等,并尽快选择空旷处立即停车,以卧姿躲在车旁。

(2)乘客(特别在火车上)应用手牢牢抓住拉手、柱子或座席等,并注意防止行李从架上掉下伤人,面朝行车方向的人,要将胳膊靠在前坐席的椅垫上,护住面部,身体倾向通道,两手护住头部;背朝行车方向的人,要两手护住后脑部,并抬膝护腹,紧缩身体,做好防御姿势。

楼房内人员地震时如何应急?

地震一旦发生,首先要保持清醒、冷静的头脑,及时判别震动状况,千万不可在慌乱中跳楼,这一点极为重要。其次,可躲避在坚实的家具下,或墙角处,亦可转移到承重墙较多、开间小的厨房、厕所去暂避一下。

因为这些地方结合力强,尤其是管道经过处理,具有较好的支撑力,抗震系数较大。总之,震时可根据建筑物布局和室内状况,审时度势,寻找安全空间和通道进行躲避,减少人员伤亡。

在商店遇震时如何应急?

在百货公司遇到地震时,要保持镇静。由于人员慌乱,商品下落,可能使避难通道阻塞。此时,应躲在近处的大柱子和大商品旁边(避开商品陈列橱),或朝着没有障碍的通道躲避,然后屈身蹲下,等待地震平息。处于楼上位置,原则上向底层转移为好。但楼梯往往是建筑物抗震的薄弱部位,因此,要看准脱险的合适时机。服务员要组织群众就近躲避,震后安全撤离。

震后自救

地震时如被埋压在废墟下,周围又是一片漆黑,只有极小的空间,你一定不要惊慌,要沉着,树立生存的信心,相信会有人来救你,要千方百计保护自己。

地震后,往往还有多次余震发生,处境可能继续恶化,为了免遭新的伤害,要尽量改善自己所处环境。此时,如果应急包在身旁,将会为你脱险起很大作用。

在这种极不利的环境下,首先要保护呼吸畅通,挪开头部、胸部的杂物,闻到煤气、毒气时,用湿衣服等物捂住口、鼻;避开身体上方不结实的倒塌物和其他容易引起掉落的物体;扩大和稳定生存空间,用砖块、木棍等支撑残垣断壁,以防余震发生后,环境进一步恶化。

设法脱离险境。如果找不到脱离险境的通道,尽量保存体力,用石块敲击能发出声响的物体,向外发出呼救信号,不要哭喊、急躁和盲目行动,这样会大量消耗精力和体力,尽可能控制自己的情绪或闭目休息,等待救援人员到来。如果受伤,要想法包扎,避免流血过多。

维持生命。如果被埋在废墟下的时间比较长,救援人员未到,或者没有听到呼救信号,就要想办法维持自己的生命,防震包的水和食品一定要节约,尽量寻找食品和饮用水,必要时自己的尿液也能起到解渴作用。

地震,虽然目前人类还不能完全避免和控制,但是只要能掌握自救互救技能,就能使灾害降到最低限度。总结有以下几点:

在公共场所及人员集中的地方,要听从工作人员指挥,切忌惊慌失措,避免发生混乱。

当大地剧烈摇晃时,务必不要在靠近水泥预制板墙、门柱等处躲避。

在发生地震时不要使用电梯。已在电梯间的人员要迅速撤离。

地震时,在繁华街道、楼区通道的时候防备玻璃窗、广告牌等物附落下来砸伤人。要注意用手提包等保护好头部。

行车时如遇地震,在不妨碍人群避难疏散和紧急车辆通行的情况下,要让出道路的中间部分,迅速靠右停车。

1. 保持镇静

在地震中,有人观察到,不少无辜者并不是因房屋倒塌而被砸伤或挤压伤致死,而是由于精神崩溃,失去生存的希望,乱喊、乱叫,在极度恐惧中"扼杀"了自己。这是因为,乱喊乱叫会加速新陈代谢,增加氧的消耗,使体力下降,耐受力降低;同时,大喊大叫,必定会吸入大量烟尘,易造成窒息,增加不必要的伤亡。正确态度是在任何恶劣的环境,始终要保持镇静,分析所处环境,寻找出路,等待救援。

2. 止血

固定砸伤和挤压伤是地震中常见的伤害。开放性创伤,外出血应首先止血抬高患肢,同时呼救。对开放性骨折,不应作现场复位,以防止组织再度受伤,一般用清洁纱布覆盖创面,作简单固定后再进行运转。不同部位骨折,按不同要求进行固定。并参照不同伤势、伤情进行分类、分级,送医院进一步处理。(外伤大出血需按住动脉)

3. 妥善处理伤口

挤压伤时,应设法尽快解除重压,遇到大面积创伤者,要保持创面清洁,用干净纱布包扎创面,怀疑有破伤风和产气杆菌感染时,应立即与医院联系,及时诊断和治疗。对大面积创伤和严重创伤者,可口服糖盐水,预防休克发生。

4. 防止火灾

地震常引起许多"次灾害",火灾是常见的一种。在大火中应尽快脱离火灾现场,脱下燃烧的衣帽,或用湿衣服覆盖身上,或卧地打滚,也可用水直接浇泼灭火。切忌用双手扑打火苗,否则会引起双手烧伤。用消毒纱布或清洁布料包扎后送医院进一步处理。

5. 同时要预防破伤风和气性坏疽,并且要尽早深埋尸体,注意饮食饮水卫生,防止大灾后的大疫。

第二节　泥石流

山地灾害来势凶猛、威力无比,远比洪水来得突然,也更加惨烈。所以,远离灾害、避开险境是最好的防灾方法。前往山区沟谷旅游,一定要事先了解当地的近期天气实况和未来数日的天气预报及地质灾害气象预报。游客应尽量避免大雨天或连续阴雨天前往这些景区旅游。如恰逢恶劣天气,宁可蒙受经济损失、调整旅游路线,也不可贸然前往。

地质专家告诉我们,泥石流、滑坡、崩塌的发生也有迹可循。坡度较陡或坡体成孤立山嘴或为凹形陡坡、坡体上有明显的裂缝、坡体前部存在临空空间、或有崩塌物,这说明曾经发生过滑坡或崩塌,今后还可能再次发生;河流突然断流或水势突然加大,并夹有较多柴草、树木,深谷或沟内传来类似火车的轰鸣或闷雷般的声音,沟谷深处突然变得昏暗,还有轻微震动感,这些迹象都能确认沟谷上游已发生泥石流。

如果在山区旅游时,不幸遇上泥石流,游客不要惊慌,必须遵循规律采取以下应急避险措施:

根据各种现象判断泥石流发生之后应立即逃跑,选择最短最安全的路径向沟谷两侧山坡或高地跑,切忌顺着泥石流前进方向奔跑;不要停留在坡度大,土层厚的凹处;不要上树躲避,因泥石流可扫除沿途一切障碍;避开河(沟)道弯曲的凹岸或地方狭小高度又低的凸岸;不要躲在陡峻山体下,防止坡面泥石流或崩塌的发生;长时间降雨或暴雨渐小之后或雨刚停不能马上返回危险区,泥石流常滞后于降雨暴发;白天降雨较多后,晚上或夜间密切注意雨情,最好提前转移、撤离;人们在山区沟谷中游玩时,切忌在沟道处或沟内的低平处搭建宿营棚。游客切忌在危岩附近停留,不能在凹形陡坡危岩突出的地方避雨、休息和穿行,不能攀登危岩。

在山区旅游,除了山洪、泥石流、滑坡、崩塌外,夏季雷电灾害、冬季冰雪灾害等都会对游客的人身安全构成威胁。

遇到泥石流如何脱险:

1. 沿山谷徒步时,一旦遭遇大雨,要迅速转移到附近安全的高地,离山谷越远越好,不要在谷底过多停留。

2. 注意观察周围环境,特别留意是否听到远处山谷传来打雷般声响,如听到要高度警惕,这很可能是泥石流将至的征兆。

3. 要选择平整的高地作为营地,尽可能避开有滚石和大量堆积物的山坡下面,不要在山谷和河沟底部扎营。

4. 发现泥石流后,要马上与泥石流成垂直方向向两边的山坡上面爬,爬得越高越好,跑得越快越好,绝对不能往泥石流的下游走。

第三节　雷　电

雷电是不可避免的自然灾害。地球上任何时候都有雷电在活动。据统计,每秒钟造就 1800 阵雷雨,伴随 600 次闪电,其中就有 100 个炸雷击落地面,造成建筑物、发电、通信和影视设备的毁坏,引起火灾,毙伤人、畜,造成大量经济损失。

一、雷电是怎样形成的

雷电是大气中的放电现象,多形成在积雨云中,积雨云随着温度和气流的变化会不停地运动,运动中摩擦生电,就形成了带电荷的云层,某些云层带有正电荷,另一些云层带有负电荷。另外,由于静电感应常使云层下面的建筑物、树木等带有异性电荷。随着电荷的积累,雷云的电压逐渐升高,当带有不同电荷的雷云与人地凸出物相互接近到一定温度时,其间的电场超过 $25\sim30kv/cm$,将发生激烈的放电,同时出现强烈的闪光。由于放电时温度高达 $2000℃$。空气受热急剧膨胀,随之发生爆炸的轰鸣声,这就是闪电与雷鸣。

雷电的大小和多少以及活动情况,与各个地区的地形、气象条件及所处的纬度有关。一般山地雷电比平原多,沿海地区比大陆腹地要多,建筑越高,遭雷击的机会越多。

二、雷电的种类及其危害

雷击有极大的破坏力,其破坏作用是综合性的,包括电性质、热性质和机械性质的破坏。根据雷电产生和危害特点的不同,雷电可分为以下四种:

1. 直击雷

直击雷是云层与地面凸出物之间的放电形成的。直击雷可在瞬间击伤击毙人畜。巨大的雷电流流入地下,令在雷击点及其连接的金属部分产生极高的对地电压,可能直接导致接触电压或跨步电压的触电事故。直击雷产生的数十万至数百万伏的冲击电压会毁坏发电机、电力变压器等电气设备的绝缘,烧断电线或劈裂电杆造成大规模的停电,绝缘损坏可能引起短路导致火灾或爆炸事故。

另外,直击雷的巨大的雷电流通过被雷击物,在极短的时间内转换成大量的热能,造成易燃物品的燃烧或金属熔化飞溅而引起火灾。

2. 球形雷

球形雷是一种球形、发红光或极亮白光的火球,运动速度大约为2m/s。球形雷能从门、窗、烟囱等通道侵入室内,极其危险。

3. 雷电感应,也称感应雷

雷电感应分为静电感应和电磁感应两种。静电感应是由于雷云接近地面,在地面凸出物顶部感应出大量异性电荷所致。在雷云与其他部位放电后,凸出物顶部的电荷失去束缚,以雷电波形式,沿凸出物极快地传播。电磁感应是由于雷击后,巨大雷电流在周围空间产生迅速变化的强大磁场所致。这种磁场能在附近的金属导体上感应出很高的电压,造成对人体的二次放电,从而损坏电气设备。

4. 雷电侵入波

雷电冲击波是由于雷击在架空线路上或空中金属管道上产生的冲击电压沿线或管道迅速传播的雷电波。其传播速度为 3×10^8 m/s。雷电侵入波可毁坏电气设备的绝缘,使高压窜入低压,造成严重的触电事故。属于雷电侵入波造成的雷电事故很多,在低压系统这类事故约占总雷害事故的 70%。例如,雷雨天,室内电气设备突然爆炸引起伤人或损坏,人在屋内使用电器或打电话时突然遭电击身亡等都属于这类事故。

三、防雷措施

1. 防直击雷

防直击雷的主要措施是在建筑物上安装避雷针、避雷网、避雷带,在高压输电线路上方安装避雷线。一套完整的防雷装置包括接闪器、引下线和接地装置。上述的针、线、网、带实际上都只是接闪器。

接闪器是利用其高出被保护物的突出位置,把雷电引向自身,然后通过引下线和接地装置把雷电流泄入大地,以此保护被保护物免遭雷击。接闪器截面锈蚀30％以上时应予更换。如果引入线断了或接地装置接触电阻太大,避雷器不仅起不到防雷作用,还能吸引雷电,增加建筑物遭雷击的机会。因此,引下线应满足机械强度,耐腐蚀和热稳定的要求,取最短的途径,要尽量避免弯曲,不得用铝线做防雷引下线。要教育孩子不要拉引下线玩。

防雷接地装置与一般接地装置的要求大体相同,在用建筑防直击雷的接地装置电阻为 $10 \sim 30\Omega$。

防雷装置承受雷击时,其接闪器、引下线和接地装置都呈现很高的冲击电压,可能击穿与邻近导体之间的绝缘,发生剧烈的放电,这叫反击。由于反击,可能酿成火灾或爆炸事故,也可能引起人身事故。为了防止反击,必须保证接闪器、引下线、接地装置与邻近的导体之间有足够的安全距离(5~10cm)。为了防止跨步电压伤人,接地装置距建筑物的出入口和人行道的距离不应小于 3m。

2. 防雷电感应

为了防止静电感应产生的高压,应将建筑物的镏金属设备、金属管道、结构钢筋等予以接地。另外,建筑物屋顶也应妥善接地;对于钢筋混凝土屋顶,应将屋面钢筋焊成6～12m网络,连成通路,并予以接地;对于非金属屋顶,应在屋顶加装边长6～12m金属网络,并予以接地。

为防止电磁感应,平行管道相距不到0.1m时,每20～30m须用金属线跨接,交叉管道相距不到0.1m时也应用金属线跨接。管道与金属设备之间距离小于0.1m时,也应用金属线跨接。其接地装置也可以与其他接地装置共用,接地电阻为5～10Ω。

3. 防雷电侵入波

为了防止雷电侵入波沿低电压线路进入室内,低压线路最好采用地下电缆供电,并将电缆的金属外皮接地。采用架空线供电时,在进户外装设一组低压阀型避雷器或2～3mm的保护间隙,并与绝缘子铁脚一起接地。接地装置可以与电气设备的接地装置并用。接地电阻为5～30Ω。阀型避雷器装在被保护物的引入端。其上端接在线路上,下端接地。正常时,避雷器的间隙保持绝缘状态,不影响系统的运行。当因雷击,有高压冲击波沿线路袭来时,避雷器间隙击穿而接地,从而强行切断冲击波,这时进入被保护物的电压仅雷电流通过避雷器及其引线和接地装置产生的残压。雷电流通过以后避雷器间隙又恢复绝缘状态,以便系统正常运行。

4. 新型防雷装置

雷击是一种严重的自然灾害,目前世界各国专家都在研究消除雷击的新技术,以提高防雷效率。经过多年努力,发明了一些新型装置。例如,电离防雷装置,放射性同位素避雷针,高脉冲避雷针,激光防雷装置,半导体少长针消雷器等,这些新型的防雷装置效果如何,还要靠实践来验证。

四、人身防雷措施

雷击虽然是不可避免的自然灾害,但采取与不采取措施以及措施科学与否,其后果大不相同。如广西某地农民正在田间收花生,突然雷雨交加,几个男同志跑到附近岩洞中躲雨安然无恙,而7个妇女利用塑料薄膜搭起帐篷避雨。结果全被雷击中,其中 6 人当场死亡。

预防雷击的措施如下:

1. 室内预防雷击

(1)电视机的室外天线在雷雨天要与电视机脱离,而与接地线连接。

(2)雷雨天气应关好门窗,防止球形雷窜入室内造成危害。

(3)雷暴时,人体最好离开可能传来雷电侵入波的线路和设备 1.5m 以上。也就是说,尽量暂时不用电器,最好拔掉电源插头;不要打电话;不要靠近室内的金属设备如暖气片、自来水管、下水管;要尽量离开电源线、电话线、广播线,以防止这些线路和设备对人体的二次放电。另外,不要穿潮湿的衣服,不要靠近潮湿的墙壁。

2. 室外如何避免雷击

(1)为了防止雷击事故和跨步电压伤人,要远离建筑物的避雷针及其接地引下线。

(2)要远离各种天线、电线杆、高塔、烟囱、旗杆,如有条件应进入有宽大金属构架、有防雷设施的建筑物或金属壳的汽车和船只内,但是帆布篷车和拖拉机、摩托车等在雷电发生时是比较危险的,应尽快离开。

(3)应尽量离开山丘、海滨、河边、池旁;应尽快离开铁丝网、金属晒衣绳、孤独的树木和没有防雷装置的孤立的小建筑等。

(4)雷雨天气尽量不要在旷野里行走。如果有急事需要赶路,要穿塑料等不浸水的雨衣;要走得慢些,步子小点;不要骑在牲畜上或自行车上行走;不要用金属杆的雨伞,不要把带有金属杆的工具如铁锹、锄头扛在肩上。人在遭受雷击前,会突然有头发竖起或皮肤颤动的感觉,这时应立刻躺倒在地,或选择低洼处蹲下,双脚并拢,双臂抱膝,头部下俯,尽量缩小暴露面即可。

五、怎样抢救被雷击伤的人

受雷击被烧伤或严重休克的人,身体并不带电。应马上让其躺下,扑灭身上的火,并对他进行抢救。若伤者虽失去意识,但仍有呼吸和心跳,则自行恢复的可能性很大,应让伤者舒适平卧,安静休息后,再送医院治疗。若伤者已停止心脏跳动,应迅速对其进行口对口人工呼吸和心脏按压,注意在送往医院的途中也不要中止心肺复苏的急救。

第四节　滑　坡

崩塌、滑坡为突发性地质灾害,来势凶猛、威力巨大,远比洪水来得突然,灾祸也更加惨烈。所以,远离灾害、避开险境是最好的防灾方法。

滑坡在农村也俗称"地滑"、"走山"、"跨山"和"山剥皮"等。滑坡的规模小到数立方米,大到十多亿立方米,滑动距离可达数米至数千米。

了解滑坡的前兆,有利于减少损失。

一、滑坡前兆

1. 滑坡前缘土体突然强烈上隆鼓胀。

2. 滑坡前缘突然出现局部滑塌。

3. 滑坡前缘坡脚有堵塞多年的泉水突然涌出,或者出现泉水(水井)突然干枯、井水水位突然变化等异常现象。

4. 滑坡所在地地表池塘和水田的水位突然下降或干涸。

5. 滑坡前缘突然出现有规律排列的裂缝,表明已经进入临滑状态。

6. 滑坡后缘突然出现明显的弧形裂缝,有时可能从裂缝中冒出热气(或冷风)。

二、滑坡发生时,应该怎么办

1. 当处在滑坡体上时首先应保持冷静,不能慌乱。慌乱不仅浪费时间,而且极可能做出错误的决定。

2. 要迅速环顾四周,向较为安全的地段撤离。一般除高速滑坡外,只要行动迅速,都有可能距离危险区段。

3. 跑离时,以向两侧跑为最佳方向。在向下滑动的山坡中,向上或向下跑是很危险的。

4. 当遇无法跑离的高速滑坡时,更不能慌乱,在一定条件下,如滑坡呈整体滑动时,原地不动,或抱住大树等物体,不失为一种有效的自救措施。

第五节　崩　塌

崩塌一般发生在高的陡坡上。崩塌的运动速度极快,常造成严重的人员伤亡。

一、崩塌前兆

1. 危险岩体下部突然出现压裂、挤出、脱落或射出,通常伴随有岩石开裂或被剪切挤压的声响,这种迹象表明可能发生崩塌。

2. 前缘时有掉块、坠落现象,小崩小塌不断发生。

3. 坡脚出现新的破裂形迹,嗅到异常气味。

4. 出现地下水质、水量等异常。

5. 动物出现异常现象。动物惊恐异常,会出现猪、狗、牛等家畜惊恐不宁、不入睡,老鼠乱窜不进洞等现象。

6. 植物变形。树木枯萎或歪斜等现象的出现,可能是滑坡、崩塌即将来临的征兆。

二、滑坡、崩塌后的应急自救

1. 不要立即进入灾害区去挖掘和搜寻财物。当滑坡、崩塌发生后,后山斜坡并未立即稳定下来,仍不时发生石崩、滑坍,甚至还会继续发生较大规模的滑坡、崩塌。

2. 立即派人将灾情报告政府以便尽快展开救援。

3. 查看是否还有滑坡、崩塌的危险,禁止进入划定的危险区。

4. 注意收听广播、收看电视,了解近期是否还会有发生暴雨的可能。收音机、手机等要节约使用,以延长使用时间。

地质灾害的发生通常具有综合性的前兆,由个别单一的前兆来判定灾害可能会造成误判,带来不良的社会影响。因此,发现某一前兆时,必须尽快查看,迅速做出综合的判定。若同时出现多个前兆时,必须迅速疏散,并报告当地有关部门。

第六节　山　洪

在山区,突遭暴雨侵袭,河流水量会迅速增大,很容易暴发山洪。山洪具有突然性和暴发性强的特点。

在山区行走和中途歇息中,应随时注意场地周围的异常变化和自己可以选择的退路、自救办法,一旦出现异常情况,迅速撤离现场。

1. 受到洪水威胁时,应该有组织地迅速向山坡、高地处转移。

2. 当突然遭遇山洪袭击时,要沉着冷静,千万不要慌张,并以最快的速度撤离。脱离现场时,应该选择就近安全的路线沿山坡横向跑开,千万不要顺山坡往下或沿山谷出口往下游跑。

3. 山洪流速急,涨得快,不要轻易游水转移,以防止被山洪冲走。山洪暴发时还要注意防止山体滑坡、滚石、泥石流的伤害。

4. 突遭洪水围困于基础较牢固的高岗、台地或坚固的住宅楼房时,在山丘环境下,无论是孤身一人还是多人,只要有序固守等待救援或等待陡涨陡落的山洪消退后即可解围。

5. 如措手不及,被洪水围困于低洼处的溪岸、土坎或木结构的住房里,情况危急时,有通信条件的,可利用通讯工具向当地政府和防汛部门报告洪水态势和受困情况,寻求救援;无通信条件的,可制造烟火或来回挥动颜色鲜艳的衣物或集体同声呼救。同时要尽可能利用船只、木排、门板、木床等漂流物,做水上转移。

6. 发现高压线铁塔歪斜、电线低垂或者折断,要远离避险,不可触摸或者接近,防止触电。

7. 洪水过后,要做好卫生防疫工作,注意饮用水卫生,食品卫生,避免发生传染病。

平原区、低洼处来不及转移的居民,其住宅常易遭洪水淹没或围困。假如遇到这种情况,通常有效的办法是:

1. 安排家人向屋顶转移,并尽量稳定好他们的情绪。

2. 想方设法发出呼救信号,尽快与外界取得联系,以便得到及时救援。

3. 利用竹木等漂流物将家人护送漂流至附近的高大建筑物或较安全的地方。

第十讲　网络安全

随着信息技术的飞速发展,社会信息化日益拓展和深化,21世纪的今天,计算机与网络已全面普及,作为主宰新世纪的一代,中学生终归是离不开计算机和网络的。网络向中学生展示了各类知识结构,对于知识选择的灵活性大大增加,学习的主动性也大大提高,学习的内容自然大大超出了狭隘的课本范围,这对于中学生能力的提高是大有裨益的。当然,网络同时会带来一些不良的信息。对于中学生而言,完整的价值观念还未形成,好奇心又很强,很容易受到外来事物的影响。网络完全开放和虚拟的空间可以让中学生随心所欲地表现自己,但如果把握得不好,猎奇的心态和过分追求个性张扬的心理也许会把中学生引入歧途。

如何正确使用计算机,让中学生在充分分享计算机和网络给我们带来便利的同时,保护好自己的人身和财产安全。本章总结了多年来发生在中学校园的一些计算机与网络方面的案件,以实际的例子介绍计算机与网络方面的安全知识。

第一节　计算机与网络安全

据中国互联网络信息中心(CNNIC)2022年8月31日发布的《第50次中国互联网络发展状况统计报告》显示,截至2022年6月,我国网民规模达到10.51亿,互联网普及率达74.4%。网民使用手机上网的比例达99.6%。随着网络的普及,网络安全问题成为一个突出问题。当前病毒、木马和假冒钓鱼网站已成为三大"网络公害"。

下面我们将计算机与网络的安全知识作一介绍。

一、计算机病毒

(一)什么是计算机病毒

《中华人民共和国计算机信息系统安全保护条例》第二十八条规定："计算机病毒,是指编制或者在计算机程序中插入的破坏计算机功能或者毁坏数据,影响计算机使用,并能自我复制的一组计算机指令或者程序代码。"这是一个具有法律效力的定义。

现在流行的病毒是由人利用计算机操作系统的弱点故意编写的,实质上是一段可执行程序,通过预先编制在程序里,或软件、网络或者无线发射的方式进行传播,从而达到破坏系统程序,占用空间,盗取账号密码,严重的可以导致网络、系统瘫痪的目的。

在我国,故意制作、传播计算机病毒等破坏性程序是违法犯罪行为,要受法律制裁。

(二)计算机染上病毒后的常见表现

计算机中毒跟人生病一样,总会有一些明显的症状表现出来。下面把比较常见的中毒后表现列举出来,供大家参考。

1. 机器不能正常启动。通电后机器根本不能启动,或者可以启动,但所需要的启动时间比原来长了,有时会突然出现黑屏现象。

2. 运行速度降低。如果发现在运行某个程序时,读取数据的时间比原来长,存文件或调文件的时间都增加了,那就可能是由于病毒造成的。

3. 磁盘空间迅速变小。由于病毒程序要进驻内存,而且又能繁殖,因此使内存空间变小甚至变为"0",用户什么信息也进不去。

4. 文件内容和长度有所改变。一个文件存入磁盘后,本来它的长度和其内容都不会改变,可是由于病毒的干扰,文件长度可能改变,文件内容也可能出现乱码。有时文件内容无法显示或显示后又消失了。

5. 经常出现"死机"现象。正常的操作是不会造成死机现象的,即使是初学者,命令输入不对也不会死机。如果机器经常死机,那可能是由于系统被病毒感染了。

6. 外部设备工作异常。因为外部设备受系统的控制,如果机器中有病毒,外部设备在工作时可能会出现一些异常情况,出现一些用理论或经验说不清道不明的现象。

(三)个人电脑安全防护策略

1. 杀(防)毒软件不可少,为电脑安装一套正版的杀毒软件。现在不少人对防病毒有个误区,就是对待电脑病毒的关键是"杀",其实对待电脑病毒应当是以"防"为主。安装杀毒软件的实时监控程序,定期升级所安装的杀毒软件(如果安装的是网络版,在安装时可先将其设定为自动升级),给操作系统打相应补丁、升级引擎和病毒定义码,保证其能够抵御最新出现的病毒的攻击。每周要对电脑进行一次全面的杀毒、扫描工作,以便发现并清除隐藏在系统中的病毒。如果病毒无法清除,或者杀毒软件不能做到对病毒体进行清晰的辨认,那么应该将病毒提交给杀毒软件公司,杀毒软件公司一般会在短期内给予用户满意的答复。当遭遇网络攻击之时,我们的第一反应应该是拔掉网络连接端口,或按下杀毒软件上的断开网络连接钮。

2. 个人防火墙不可替代,安装个人防火墙(Fire Wall)以抵御黑客的袭击。防火墙是在两个网络通讯时执行的一种访问控制尺度,它能允许你"同意"的人和数据进入你的网络,同时将你"不同意"的人和数据拒之门外,最大限度地阻止网络中的黑客来访问你的网络,防止他们更改、拷贝、毁坏你的重要信息。及时与商家保持密切的联系,对防火墙进行更新。目前各家杀毒软件的厂商都会提供个人版防火墙软件,防病毒软件中都含有个人防火墙,所以可用同一张光盘运行个人防火墙安装,重点提示防火墙在安装后一定要根据需求进行详细配置。合理设置防火墙后应能防范大部分的蠕虫入侵。

3. 分类设置密码并使密码设置尽可能复杂。网上需要设置密码的地方很多,如网上银行、上网账户、E-Mail、聊天室以及一些网站的会员等。应尽可能使用不同的密码,以免因一个密码泄露导致所有资料外泄。对于重要的密码(如网上银行的密码)一定要单独设置,并且不要与其他密码相同。设置密码时要尽量避免使用有意义的英文单词、姓名缩写以及生日、电话号码等容易泄露的字符作为密码,最好采用字符与数字混合的密码。定期地修改自己的上网密码,至少一个月更改一次,这样可以确保即使原密码泄露,也能将损失减小到最少。

4. 不下载来路不明的软件及程序。几乎所有上网的人都在网上下载过共享软件(尤其是可执行文件),在给你带来方便和快乐的同时,也会悄悄地把病毒带到你的机器中。因此应选择信誉较好的下载网站下载软件,将下载的软件及程序集中放在非引导分区的某个目录,在使用前最好用杀毒软件查杀病毒。同时,不要打开来历不明的电子邮件及其附件,以免遭受病毒邮件的侵害。在互联网上有许多种病毒流行,有些病毒就是通过电子邮件来传播的,这些病毒邮件通常都会以带有噱头的标题来吸引你打开其附件,如果您抵挡不住它的诱惑,而下载或运行了它的附件,就会受到感染。

5. 防范间谍软件。目前大约80%的用户对间谍软件入侵他们的电脑毫无知晓。间谍软件(Spyware)是一种能够在用户不知情的情况下偷偷进行安装(安装后很难找到其踪影),并悄悄把截获的信息发送给第三者的软件。间谍软件的一个共同特点是,能够附着在共享文件、可执行图像以及各种免费软件当中,并趁机潜入用户的系统,而用户对此毫不知情。间谍软件的主要用途是跟踪用户的上网习惯,有些间谍软件还可以记录用户的键盘操作,捕捉并传送屏幕图像。间谍程序总是与其他程序捆绑在一起,用户很难发现它们是什么时候被安装的。从一般用户能做到的方法来讲,要避免间谍软件的侵入,可以从下面三个途径入手:(1)把浏览器调到较高的安全等级——Internet Explorer 预设为提供基本的安全防护,但您可以自行调整其等级设定。将 Internet Explorer 的安全等级调到"高"或"中"可有助于防止下载。(2)在计算机上安装防止间谍软件的应用程序,时常监视及清除电脑的间谍软件,以阻止软件对外进行未经许可的通讯。（3）对将要在计算机上安装的共享软件进行甄别选择，尤其是那些你并不熟悉的，可以登录其官方网站了解详情。在安装共享软件时，不要总是心不在焉地一路单击"OK"按钮，而应仔细阅读各个步骤出现的协议条款，特别留意那些有关间谍软件行为的语句。

6. 只在必要时共享文件夹，不要以为你在内部网上共享的文件是安全的。共享文件应该设置密码，一旦不需要共享时立即关闭。如果确实需要共享文件夹，一定要将文件夹设为只读；共享设定"访问类型"不要选择"完全"选项，因为这一选项将导致只要能访问这一共享文件夹的人员都可以将所有内容进行修改或者删除；不要将整个硬盘设定为共享。例如，某一个访问者将系统文件删除，会导致计算机系统全面崩溃，无法启动。

7. 不要随意浏览黑客网站、色情网站。这点毋庸多说，不仅是道德层面，而且许多病毒、木马和间谍软件都来自于黑客网站和色情网站，如果你上了这些网站，而你的个人电脑恰巧又没有缜密的防范措施，那么你十有八九会中招。

8. 养成文件备份的好习惯。首先是系统软件的备份，重要的软件要多备份并进行写保护，有了系统软件备份就能迅速恢复被病毒破坏或因误操作被破坏的系统。其次是重要数据备份，不要以为硬盘是永不消失的保险数据库。

9. 不要轻易给别人的网站留下你的电子身份资料，不要允许电子商务企业随意储存你的信用卡资料。

10. 只向有安全保证的网站发送个人信用卡资料，注意寻找浏览器底部显示的挂锁图标或钥匙形图标。

11. 要注意确认你要去的网站地址，注意输入的字母和标点符号的绝对正确，防止误入网上歧途，落入网络陷阱。

同学们，当你进入计算机网络世界时，要牢记："黑"人之心不可有，防"黑"之心不可无。

二、假冒钓鱼网站

(一)什么是假冒钓鱼网站

假冒钓鱼网站是一种网络欺诈行为,指不法分子利用各种手段,仿冒真实网站的 URL 地址以及页面内容,或者利用真实网站服务器程序上的漏洞在站点的某些网页中插入危险的 HTML 代码,以此来骗取用户银行或信用卡账号、密码等私人资料。

(二)互联网上假冒钓鱼网站传播途径

1. 通过 QQ、微信、阿里旺旺等客户端聊天工具发送传播钓鱼网站链接。

2. 在搜索引擎、中小网站投放广告,吸引用户点击钓鱼网站链接,此种手段被假医药网站、假机票网站常用。

3. 通过 E-mail、论坛、博客、SNS 网站等批量发布钓鱼网站链接。

4. 通过微博等中的短连接散布钓鱼网站链接。

5. 通过仿冒邮件,例如冒充"银行密码重置邮件",来欺骗用户进入钓鱼网站。

6. 感染病毒后弹出模仿 QQ、微信、阿里旺旺等聊天工具窗口,用户点击后进入钓鱼网站。

7. 恶意导航网站、恶意下载网站弹出仿真悬浮窗口,点击后进入钓鱼网站。

8. 伪装成用户输入网址时易发生的错误,如 gogle.com、sinz.com等,一旦用户写错,就误入钓鱼网站。

(三)如何识别钓鱼网站

1. 查验可信网站。通过第三方网站身份诚信认证辨别网站真实性。目前不少网站已经在网站首页进行了第三方网站身份诚信认证,这可以帮助你了解网站的真实信息。

2. 核对网站域名。在域名方面,假冒网站通常将英文字母 I 替换为数字 1,将 CCTV 换成 CCYV 或者 CCTV-VIP 那样仿造域名。

3. 比较网站内容。仿冒网站上大多存在死链接,用户可点击栏目或图片中的各个链接,查看是否有效。

4. 查看安全证书。大型的电子商务网站在交易页面都应用了安全传输技术,交易页面的网址都是"https"打头的,如果发现不是"https"开头,应谨慎对待。

三、手机上网

随着 5G 时代的到来,手机上网越来越受到青少年的追捧,地铁、公交、教室、宿舍……随处可见拿着手机的中学生,他们聚精会神享受着手机上的网络世界。据资料报告,当今在校中学生 80% 有手机上网的经历。

那么,手机上网安全吗?

(一)手机病毒的危害

1. 导致用户信息被窃。如个人通讯录、个人信息、日程安排、各种网络账号、银行账号和密码等。

2. 传播非法信息。如各种色情、非法的图片、语音、电影的传播。

3. 破坏手机软硬件。破坏手机软、硬件,导致手机无法正常工作。

4. 造成通信网络瘫痪。如手机感染病毒后,强制手机不断地向所在通信网络发送垃圾信息,这些垃圾信息最终会让局部的手机通信网络瘫痪。

(二)远离手机病毒的方法

1. 手机内的数据要备份,养成查阅话费单的习惯。

2. 在接收短信、彩信的时候,特别是一些来历不明的信件时,若出现乱码,立刻删除。

3. 利用无线传送功能比如蓝牙、红外接收信息时,一定要选择安全可靠的传送对象。对于陌生手机通过蓝牙发来的数据传输申请,一律拒收。

4. 下载各种资源的时候确保下载站点是否安全可靠,尽量避免去个人网站下载。

5. 留意最新病毒信息,关注有关手机病毒的新闻报道。

第二节　电脑网络对青少年的危害

北京市青年宫青少年咨询部曾接待过许多与电脑游戏相关的咨询。他们发现电脑游戏对青少年的危害有如下特点:先是沉迷其中难以自拔,用身上的零钱难以维持后发展为说谎、向父母骗钱,再发展为向低年级学生勒索钱物,最终发展为偷窃、厌学、诈骗,甚至离家出走。因此,说一些电脑网络游戏对青少年的毒害不亚于毒品,人们将其比做"电子海洛因",是毒害青少年的精神鸦片,是危害青少年身心的罪魁祸首。

第三节　构筑青少年网络犯罪预防体系

预防是减少犯罪的最有效的办法,是学校的任务、家庭的任务,也是司法机关和社会各个方面的共同任务。

"三位一体"的社会教育对策。所谓"三位一体"的社会教育对策,是指构筑以学校为中心,学校、家长和社会三结合的预防青少年网络犯罪的立体化防范体系。

1. 从源头上构建健康绿色的互联网

给青少年提供喜闻乐见、健康向上的网站。把握正确的政治方向,开辟和建设青少年网站,可以通过学习、就业、交友、心理咨询、法律援助等青少年感兴趣的、能切实为青少年服务的形式,开辟更多的为青少年所喜闻乐见的网站,服务青少年、凝聚青少年。通过青少年网站,使学生提高明辨是非的能力,增强他们的政治敏锐性和鉴别力,占领网上思想教育的阵地。

切实加强对网吧的管理,加大整治力度。认真落实未成年人不得进入营业性网吧的规定,为青少年的健康成长营造绿色网络环境。要对"黑网吧"进行全面整顿,取缔侵害青少年身心健康的非法网吧,设立监督电话,聘请社会监督员,对群众举报问题严重的网吧,严加治理,使网吧业走上更加规范的道路。加大对网吧经营者的培训和宣传力度,通过举办培训班、发放宣传资料等方式,大力宣传相关的法律法规,使经营者在网吧经营中学会知法、守法和用法。

2. 加快青少年的社会化进程,提高青少年适应现代社会的能力

针对部分青少年逃避现实的倾向,要教育青少年分清虚拟社会和现实社会的不同,向他们分析社会的复杂性和存在的某些不足,鼓励他们勇敢地直面现实世界中存在的问题,积极投入到改造社会的实践中去。开展各种丰富多彩的活动,加强青少年之间、青少年和社会之间的交流,建立健康的人际关系。有条件的应该建立青少年的心理咨询机构,对有心理障碍和人际交往障碍的青少年进行心理辅导,克服障碍。加强青少年组织建设,消解虚拟组织对现实组织的冲击。网络组织基本游离于有效管理之外,网络组织既有健康的、利于青少年发展的,也有不健康的、带有反动色彩的不利于青少年成长的。我们要主动地去了解各类网络组织,与其加强联系,并以有效的方式介入他们的运作、管理,各种虚拟组织可以为我所用,也可以通过网络形成利于青少年成长的健康组织。

3. 加强网络道德建设,开展青少年网络道德教育

鉴于网上青少年道德弱化的现象十分突出,必须加强网上的道德建设,这是一个崭新的和极其重要的课题。首先,网络是个新生事物,网络社会的伦理规则处于建设过程之中。我们应该建议有关部门共同研究和探讨网络伦理规范,明确各种网络主体之间的权利、义务、责任以及网络道德的基本原则,形成网络从业人员的职业道德,构建和规范网络伦理,为网络社会创造一个良好的道德环境。其次,必须加强对青少年的"网德"教育,要让青少年懂得,虚拟社会和现实社会一样,需要有一整套道德规范,网络才能够正常运转,不能因为网络的隐蔽性而忘记了起码的行为规则,上网时要文明、自尊自重、严格遵守网络秩序,形成健康、文明、有序的网络环境。要增强他们的道德判断能力,指导他们学会选择

和识别,鼓励他们进行网络道德创新,提高个人修养,养成道德自律的习惯。各种网络技术传授部门,各级青少年宫开办的计算机培训班,在进行网络技术训练的同时,也要加强网络道德训练,增强青少年网络道德观念,规范青少年网络道德行为。新闻媒体要做好相关法律法规的宣传,加强对网络道德的宣传,把网络道德纳入到社会道德体系中。

4. 加强学校和家庭对青少年的引导作用

学校和家庭应为引导青少年健康文明地利用网络作出努力。应注意引导青少年充分认识网上污浊内容的危害性,注重引导青少年怎样上网。青少年的好奇心强,越是不许他们做的事,他们偏想做。因此,针对青少年上网浏览不健康内容的现象,结合案例和他们谈这个方面的害处;另一方面,对他们多进行理想教育,使其有远大抱负。在学校,教师应多为学生树立榜样,激发他们不断进取的精神,教给学生必要的上网常识,指导和教育青少年正确上网,安全上网,科学上网,高尚上网。通过疏导,不仅使孩子意识到不健康内容的危害,更使其借助网上优势,提高学习效率,培养自学能力;在家庭中,父母要引导孩子树立正确的择友观,引导青少年参加社会活动。对于家庭入网者,家长可以在电脑端加过滤软件,提取精华、剔除糟粕,为我所用,对于青少年上网吧者,家长应把握其活动时间,坚决杜绝其通宵上网。另外,家长要重视青少年青春期的科学教育,支持和鼓励青少年读一些有益的书籍或观看一些有益的电视电影节目,不仅给他们提供物质生活的保障,而且给予精神生活的健康享受。

5. 加大网络立法力度,预防青少年网络犯罪

法律法规,是网络文明的硬性保障。在网络这个虚拟社会中同样离不开法律的外在规定,否则这"虚拟社会"就可能出现秩序紊乱的现象。实践证明,网络立法势在必行,健全互联网管理的各种法规,培养青少年的网上法律意识,建立和完善与网络社会相应的法规条文,是建构网络文明工程的现实需要。建立和完善与网络社会相适应的法律法规,一方

面规范全体网民的网上行为,另一方面对网上行为立法,借此保护青少年不被有害信息侵害。通过立法,建立新型的信息自由原则,即个人的信息自由不能建立在妨害公共信息自由和国家信息安全的基础之上,有关部门应该而且必须采取有效的措施将信息网络置于有效的控制之下。在遵守国家有关网络信息方面的法令法规的前提下,制定一些有效措施。比如互联网登记制度,通过登记以保证对网络的有效控制;比如电子审查制度,对来往信息尤其是越境数据进行过滤,将不宜出口的保密或宝贵的信息资源截留在国内,将不符合国情的或有害的信息阻挡在网络之外。此外,还应建立并完善联网电脑的管理制度,确保联网电脑的安全使用等等。

6. 采用打击与防范、教育与引导的综合治理方式,有效减少和控制青少年的涉网犯罪

利用网络的青少年犯罪是一个全社会的问题。立足教育和引导,重在预防,通过综合治理防范是预防网络条件下青少年犯罪的根本途径。青少年涉世不深,可塑性较强。对于受到网络不良文化影响而违法犯罪的青少年应当重在教育与引导,尤其是针对未成年人,更需要注重教育的方法和手段。我国对青少年犯罪的方针是教育帮助为主,司法惩处只是在必要情况下有限制地使用。这一原则同样适用于青少年的涉网犯罪行为。

第十一讲　急救常识

日常生活中,意外伤害很难避免,有时也难以预料,如果我们不及时医治或者操作不当的话,很可能会对自身或者他人的身体造成伤害,所以,掌握一些急救常识是非常必要的。下面就看一下我们日常生活中经常遇到小意外的处理方法,希望对大家有所帮助。

一、眼睛里不慎进了沙子

眼睛是最娇嫩的器官,容不得任何异物。如不及时清除异物,眨眼时会感到疼痛,还会引起炎症、溃烂甚至失明。异物入眼时,最忌讳使劲揉眼睛,或用干的纸巾或毛巾擦拭眼睛。正确的做法是睁开眼睛,让同伴帮忙翻开眼皮,仔细检查眼白(球结膜)、下眼睑和角膜。如异物在眼皮或眼白部位,可用纸巾蘸少许纯水轻轻擦去异物(在家时,最好用棉签沾少许抗生素类眼药水擦去异物);如异物在上眼睑内、角膜处,或嵌入较深,则必须及时到医院处理。

二、鱼骨卡喉

鱼骨卡喉后,应立即停止进食,张大嘴发"啊"的声音,让家属借助光线或手电筒,看清鱼骨所在部位,再用镊子夹出。若未发现鱼骨,则鱼骨可能卡在更深的喉咽部,应去医院就诊。鱼骨取出后,在短时间内仍然会有咽喉部异物感,这是局部黏膜擦伤的缘故,不必介意。不少人喜欢采用吞咽大的干饭团的方法来对付鱼骨卡喉,该方法对小的鱼骨可能有效,但对稍大一些的鱼骨则无效,有时反而会因挤压而刺得更深。还有些人认为,一旦鱼骨卡喉,可少量多次吞服食用醋使鱼骨溶解。其实,食醋在咽喉部停留的时间很短,根本不可能溶解鱼骨。

三、小飞虫钻进了耳道

小飞虫突然钻进耳道后，千万不要用手指或其他东西去掏它，以免小飞虫越钻越深，万一钻破鼓膜，可引起听力下降。正确的做法是到黑暗的地方，用手电光照着耳道，利用昆虫的趋光性，用光引出飞虫。也可以在耳道内滴几滴烹调油，使飞虫的翅膀浸湿而无法张开，再用耳勺将虫掏出耳道。若上述方法不奏效，应立即去医院就诊。

四、吃东西被噎

如果患者还能讲话或咳嗽，表明气道没有被完全阻塞，尽量让他自己咳出较好；如果患者意识清醒，但无法自己咳出噎住的食物，可用海姆利克操作法，即顺着患者的上腹部向上迅速施压，靠产生的冲击气流将食物挤出气道；如果患者已呼之不应，应立刻扳开他的嘴，用食指贴着其口角一侧，伸入到口腔深部向外做钩扫动作，直至清除食物为止。若以上尝试均不奏效，应立即送医院急诊。

五、鼻出血

鼻出血时仰头，非但止不住鼻血，反而会导致鼻血被吸入口腔和呼吸道。正确的做法是用手指捏住两侧鼻翼 4～8 分钟，或用浸了冰水的棉球填塞鼻腔压迫止血。如果这些方法仍不能止血，应立即去医院就诊。

六、中暑

轻中度中暑者，应将其迅速转移到阴凉通风处静卧休息，脱掉或解开衣服，用冷毛巾擦身，以迅速降低体温。可让中暑者喝一些凉盐水、清凉含盐饮料。若患者出现神志不清、抽搐，应立即送医院。

七、晒伤

夏天外出时，应做好防护工作，比如搽防晒霜、撑遮阳伞等。当皮肤被烈日晒红并出现红肿、疼痛时，可用冷毛巾敷于患处，并适当涂一些滋润霜。若皮肤上已有水疱,千万不要挑破,应请医生处理,以免继发感染。

八、蜂蜇伤

外出郊游一旦被蜜蜂蜇伤,应小心地将残留的毒刺拔出,轻轻挤捏伤口,挤出毒液,涂一点氨水或苏打水。若是被黄蜂蜇伤,应涂醋酸水,以中和毒液。局部冷敷可减轻肿痛。若出现恶心、头晕等异常反应,应立即去医院就诊。

九、游泳时,小腿抽筋

在水中发生小腿抽筋时,应立即上岸,伸直腿坐下,用手抓住大足趾向后拉,并按摩小腿肌肉。若不能立即上岸,应保持冷静,屏住气,在水中做上述动作。

十、不慎咬碎体温表并吞服了水银

体温表内的水银不慎被吞服后,汞会与体内含巯基的酶和蛋白质结合,影响其活性,导致重金属中毒。尽管体温表内的汞含量不多,但服用后也会引起口腔炎、急性胃肠炎,表现为口腔糜烂、溃疡,腹痛、恶心、呕吐、腹泻等。漱口后喝点蛋清或牛奶,不仅能清除口腔中的残留汞,还能使蛋清或牛奶中的蛋白质与吞服的汞结合,起到保护胃黏膜、减少汞吸收的作用。

十一、外伤出血

1. 较小或较浅表的伤口,应先用冷开水或洁净的自来水冲洗,但不要去除已凝结的血块。

2. 伤口处有玻璃片、小刀等异物插入时,千万不要去触动、压迫和拔出,可将两侧创缘挤拢,用消毒纱布、绷带包扎后,立即去医院处理。

3. 碰撞、击打的损伤,有皮下出血、肿痛,可在伤处覆盖消毒纱布或干净毛巾,用冰袋冷敷半小时,再加压包扎,以减轻疼痛和肿胀。伤势严重者,应去医院。

4. 伤口有出血,可用干净毛巾或消毒纱布覆盖伤处,压迫 10～20 分钟止血,然后用绷带加压包扎,以不再出血为度,视情况去医院处理。

十二、刀割伤

1. 如伤口不大,出血不多,伤口也较干净,伤指仍能作伸屈活动,可用医用碘消毒伤口及其周围皮肤,待干后,再用消毒纱布或创可贴覆盖包扎伤口。

2. 若伤口大而深,应压迫止血,同时立即去医院治疗。

3. 如果手指不幸被切断,应立即将伤指上举,然后用干净的纱布直接加压包扎伤口止血。若血仍外流不止,也可在指根处紧缠止血带(可用一般的清洁绳代替)止血,并将断指用无菌布料包好,放入干净的塑料袋中。除非断指污染特别严重,一般不要自己冲洗,也不要用任何液体浸泡断指,立即去医院救治。

十三、烫伤

一旦发生烫伤,应立即用冷水冲洗或冷敷烫伤部位,持续 15 分钟左右,以缓解疼痛,减轻烫伤程度。不要擅自在伤口处涂药,更不能用涂酱油、植物油等土办法处理伤口。若烫伤处有水疱,不要挑破,可用干净纱布覆盖,去医院处理。

十四、骨折

确定有骨折后,一定要对伤肢(指)作固定再送医院,否则骨折断端异常活动,会加重损伤。可因地制宜用木板、木棍、树枝、竹竿、杂志等作为固定用的临时夹板。若无上述材料,可将上肢固定在躯干上,下肢固定在对侧的健肢上。

十五、气胸

有些人在用力咳嗽、剧烈运动或大笑后,会发生气胸,出现胸痛、深吸气时加剧,并放射到肩背部,严重时,还会出现呼吸困难、血压下降等紧急情况。遇到这种情况,禁忌拍背和搬动患者,以免加重气胸。应让患者取半卧位,如家中备有氧气,应立即吸氧,同时叫救护车。

十六、癫痫发作

在救护车到来之前,可让患者的头侧向一边,以防止呕吐物窒息。随后,找一把金属调羹或牙刷等不易咬碎的东西塞进他的上下牙之间,防止舌咬伤。对于成年人,最好在硬东西上裹一层毛巾或手帕,以免咬掉牙齿。

十七、猫狗咬伤

一些人被动物抓咬后,身上只留有牙印或爪痕,认为没伤口就不必处理,这种做法其实是很危险的。因为牙印或爪痕可能造成肉眼看不到的皮肤损伤,狂犬病病毒也有可能从伤口侵入。

注射疫苗应及早、足量。患者必须于咬伤当天,咬伤后第 3 天、第 7 天、第 14 天、第 30 天各肌肉注射一支疫苗。一定要注射在上臂三角肌或大腿内侧,不能注射在臀部,以免影响疫苗效果。全程注射完毕 10 日后,应抽取静脉血作抗体检测。如果抗体滴度达到或超过 3 单位/毫升的标准,即代表获得了免疫效果,如低于标准,应适当增加接种针数,以确保达到防病效果。

十八、误服灭鼠药

灭鼠药毒性成分不同,误服后的临床表现各异,如胃部不适、呕吐、腹泻、抽搐等,严重的可出现昏迷。喝水稀释、催吐等方法皆难奏效,送医院急诊洗胃或对症处理才是上策。

十九、踝关节扭伤

踝关节扭伤后,不要继续行走,也不要揉搓、转动受伤关节,以免进一步加重损伤。应立即用冷毛巾或冰块敷患处,有利消肿、止痛、缓解肌肉痉挛。24 小时后方可改为热敷。如果怀疑有内出血,最好用弹性绷带加压包扎,但不要过紧,以免妨碍包扎部位以下的血液循环。如果怀疑有骨折,最好用夹板或就近找木棍固定受伤的踝关节,并尽快去医院就诊。

二十、呼吸停止(人工呼吸)

首先,让伤病员仰卧,将其头后仰,确保呼吸道畅通。若其口内有血块、呕吐物、假牙等异物时,应尽快取出。随后做人工呼吸:抢救者先深吸一口气,然后捏住患者的鼻子,口对口像吹气球样为其送气,注意不要漏气。每隔 5 秒吹一次气,反复进行。遇到嘴张不开或口腔有严重外伤者时,可从其鼻孔送气做人工呼吸。

二十一、心跳停止(胸外按压)

先让患者躺在硬板床或平整的地上,解开其上衣,抢救者将一只手的掌根置于其胸骨下三分之一的位置,另一只手重叠压在手背上。抢救者两臂保持垂直,以上身的重量连续向下按压,频率为每分钟 70 次左右。按压时,用力要适中,以每次按压使胸骨下陷 3~5 厘米为度。注意,手掌始终不要脱离按压部位。

二十二、心跳呼吸全无(心肺复苏)

呼吸和心跳停止后,大脑很快会出现缺氧,4 分钟内将有一半的脑细胞受损。超过 5 分钟再施行心肺复苏,只有 1/4 的人可能救活。

实施心肺复苏时,首先用拳头有节奏地用力叩击患者前胸左乳头内侧的心脏部位 2~3 次,拳头抬起时,离胸部 20~30 厘米,以掌握叩击的力量。若脉搏仍未恢复搏动,应立即连续做 4 次口对口人工呼吸,接着再做胸外心脏按压。一人施行心肺复苏时,每做 15 次心脏按压,再做 1 次人工呼吸。两人合作进行心肺复苏时,先连做 4 次人工呼吸,随后,一人连续做 5 次心脏按压后停下,另一人做一次人工呼吸。

二十三、气道异物(手捏喉咙,面容窘迫、恐惧等是气道异物的典型症状)

自救:

(1)用力咳嗽法。先吸一口气,然后用足力气咳嗽,有时就可把异物从气道内咳出。

(2)腹部手拳冲击法。将右手拇指关节突出点顶住上腹部,相当于剑突与脐之间腹中线部位,左手紧握右手,然后用力向内做4～6次连续快速冲击。

互救:

抢救者站在患者侧后位,一手放置于患者胸部,另一手掌根部对准患者肩胛区脊柱上,用力给予连续4～6次急促拍击。

二十四、颈椎损伤

如果怀疑伤员颈椎有损伤,应平抬伤员至担架上,专人牵引、固定其头部,并上颈托。一时无颈托时,应在伤员的颈部两侧各放一只沙袋或衣物,以防头部扭转或屈曲导致颈椎损伤加重。

二十五、脊柱骨折

应由3～4人在同一侧同时托住伤员的头、肩、臀和下肢,把伤员平托起来,平卧在木板上,并用绷带加以固定。伤者最好取俯卧位,并在胸腹部放一软枕。严禁采用"搬头搬脚"的抬抱方式移动或搬运伤者,也禁用普通的软担架搬运。

二十六、头部撞伤

若伤员伤势较重,已昏迷,抢救者应立即清除其口腔内的呕吐物和血块,将其头转向一侧,牵拉出舌头,以防窒息。血液沿鼻腔和耳道流出时,切勿用棉球、纱布或其他物品堵塞。

需要提醒的是,有时候,人不慎摔倒,枕部着地,表面看来局部无任何皮损,但颅底却已发生骨折。伤者发生颅底骨折后,很快会因颅内出血而出现呼吸困难、恶心呕吐、昏迷等严重症状。因此,当头部被击,伴恶心、呕吐、耳鼻腔出血时,应立即就医。

此外,当意外发生时,如果身边没有医用急救物品,就会错失急救的良机。其实,只要开动脑筋,完全可以因地制宜。这里教你几招,到时不妨一试。

1. 长筒袜:可在应急处理时作绷带用。

2. 领带:在骨折时,可固定夹板或当止血带用。

3. 干净浴巾:可作三角巾或厚敷料用。

4. 手帕、手巾:用电熨斗充分熨烫或在湿的情况下用微波炉高火消毒,可作消毒敷料用。

5. 杂志、尺、厚包装纸、伞、手杖:在骨折时可作夹板用。

6. 保鲜膜:除去表面几圈后,可直接覆盖在破溃的创面上,起暂时的保护作用,保鲜袋也可起类似作用。

第十二讲　中学生自我防卫

第一节　遇险后须报警

近年来,影响中学校园安全的不安全因素不断增加,日益威胁到中学生的日常生活安全,所以作为中学生必须了解掌握各种遇险处理知识,才能在危险发生时及时脱离危险,保障自身安全。身处险境时中学生首先要想到如何脱险,要保持冷静,切不可惊慌,然后利用自己的智慧与罪犯周旋,寻找合适的机会脱险。中学生要保证自己的安全还应知道在遇到危险时如何向他人求助。必须知道遇到危险时,第一求助方式就是报警。因为报警是脱离危险的最便捷也是最有效的途径。发现刑事、治安案件以及危及公共安全、人身安全、社会秩序、校园生活的案件时,及时报警是每一个中学生的义务与责任。

一、报警须知

对于大部分中学生来说,意外伤害事故是不能依靠自己避免的,这时候的中学生应该通过向周围人求助来及时脱险,而在这些求助中最有效的方法就是报警,通过报警及时地寻求专业人员的救助,可以更快更及时地脱险。作为当代中学生应该掌握一定的报警知识,这样可以帮助中学生在遇险时更好地保护自己。

1. 熟知报警电话

中学生要知道发现斗殴、抢劫、杀人、绑架等案件时,首先要拨打110进行报警;如果发现有人受伤或者生命垂危时,要及时拨打120进行救助;发现火灾或者其他灾害事故以及抢险救援时要及时拨打119;发现交通事故时要及时拨打122报警,有人员伤亡时还应拨打120,及时挽救伤者生命。

2. 拨打报警电话时的注意事项

(1)各种报警电话,包括110、120、122、119等都是免费电话,可以用公用电话进行拨打,也可以用手机、固定电话直接拨打。

(2)拨打报警电话时,要注意把现场情况尽量描绘清楚,事故地点、时间以及受伤人员数量、受伤情况、现场状况、电话号码以及附近有无明显标志都是必须讲明的。

(3)报警后,要保护好现场,不要破坏现场,以便于专业人员到场后的取证及案件的破获工作,需要变动时,事前详细记明现场原貌,便于到时候向公安机关说明。在报警后要做好迎候指引工作,当然这一切是以保护好自身安全为基础的。

(4)报警人应留下自己的姓名、联系方式,便于警方或者救援人员及时进行救助,小事不扰警,自己可以解决的问题,不要随意拨打各种报警电话,干扰相关人员正常工作。

3. 拨打110电话常识

(1)拨通电话"110"(免费电话),请确认:"请问是110吗?"确认自己没有打错电话后,再说清楚案发或求助的确切地址(某城区某大街某单位某楼多少号或案发地周围标记性建筑)。

(2)简要说明情况。如果是发生了案件,要说清歹徒的人数、特征、携带的凶器、乘坐的交通工具;如果是求助,请说清楚求助的原因。

说清自己的名字和联系电话,以便公安机关与你保持联系。

如果歹徒正在行凶,在拨打110报警电话时要注意隐蔽,不要让歹徒发现。

4.110报警服务台受理投诉的范围

公安机关及其人民警察正在发生的违反《中华人民共和国人民警察法》、《公安机关督察条例》、"五条禁令"等法律、法规和人民警察各项纪律规定,违法行使职权,不履行法定职责,不遵守各项执法、服务、组织、管理制度和职业道德的各种行为。

5.110接警相关知识

(1)110受理求助的范围。

发生溺水、坠楼、自杀等状况,需要公安机关紧急救助的。

需要公安机关在一定范围内帮助查找的老人、儿童以及智障人员、精神疾病患者等走失人员。

公众遇到危难,处于孤立无援状况,需要立即救助的。

涉及水、电、气、热等公共设施出现险情,威胁公共安全,人身或者财产安全和工作、学习、生活秩序,需要公安机关先期紧急处置的。

需要公安机关处理的其他紧急求助事项。

(2)110报警服务台受理报警的范围。

刑事案件。

治安案(事)件。

危及人身、财产安全或者社会治安秩序的群体性事件。

自然灾害、治安灾害事故。

其他需要公安机关处置的与违法犯罪有关的报警。

二、遇险保持冷静

一般的人在遇到危险时,都会产生一定的心理反应,如恐惧、焦虑、愤怒、沮丧、孤独或者无聊,这些情绪的产生不利于在危险环境中的安全,不仅无法摆脱危险还增加了受到危险侵害的可能性,所以在遇到危险环境时,首先要做的就是保持冷静,用清醒的头脑寻找脱险的方法。随着中学环境的不断变化,不安因素的不断增加,一方面中学生所处的安全环境受到严重挑战,另一方面中学生的心理问题也开始不断凸显,中学生面临着空前严峻的安全挑战。中学生在遇到危险时首先应该而且必须保持冷静,只有有冷静的头脑才会有清晰的思维,才能充分发挥智力因素,及时帮助自己或者他人脱离危险。中学生锻炼自己保持冷静的方法主要有以下几个方面。

1. 时刻关注事物的发展变化,做好事故应急的思想准备。中学生要对自然界与社会发展变化保持高度的关注,并经常关注身边人和事的变化,对意外事故变化的发生抱有警戒的态度,锻炼自己时刻保持冷静的应急能力。

2. 保持冷静才能把消极的紧张变为积极的紧张。人不能完全避免紧张,那么就要学会把消极的紧张变为积极的紧张、中学生在平时就要养成这种习惯,这可以使中学生在应对安全事件时保持冷静,消除不安,及时调整自己,应对各种不安环境。

3. 中学生在平时要善于搞清楚哪些情况带给你不安、紧张,让你无法保持冷静,然后针对自己的紧张寻找必要的预防紧张的措施,这样可以在以后发生紧张时及时地采取措施,避免因紧张带来的不利因素,平时加强这方面的锻炼,遇到危险时就可以灵活应对。

4. 中学生要有平常心,正确对待生活中的事件,以宽大的胸怀包容人和事。每个人的一生都会遇到一些这样那样的事件,这些事件的发生会对人的情绪和健康产生重大影响,甚至可能会影响一个人的一生。但是,同样的事件,由于人们对待问题的态度不同,应急的策略和方法不同,这些不利影响对身心健康的影响就会不同。发生事故时以平常心应对,就不会在事故发生时紧张着急。

5. 中学生在紧张时还可以通过一些特殊行为来改变紧张局面,如缓缓地做一下深呼吸,每次屏住呼吸 3~4 秒,然后将气息从你的嘴中慢慢呼出。重复这样的过程多次。考虑一些其他的事情,暂时忘记引起你紧张的原因,进而缓解一下你的紧张情绪。这样的行为都可以帮助你保持冷静。

6. 严于律己,避免激动,防止人际关系矛盾的激化。中学生与人相处,要严于律己,宽厚待人,避免造成不必要的矛盾。有了矛盾以后,要主动退让或加以回避,对原则性的矛盾也要讲究方式方法,采取有理、有节的合法途径来解决,不能动辄争闹不休,引发冲突,只有这样才会锻炼自己在事故发生时保持冷静的能力。

第二节　实用自卫技巧

人体要害部位是指人体遭受打击或挤压最容易造成昏迷、伤残、致死的部位。了解并学会攻击这些要害部位,再加上勇气和信心,就能给来犯歹徒以有力打击,这是最积极的自我防卫。所以加强要害部位的理解和攻击方法的使用。人体要害部位有眼(攻击方法可运用拳法猛击歹徒眼眶;以食指和中指的前端指尖刺入歹徒双眼)、太阳穴(攻击方法是运用掌外侧、拳、肘击打,如歹徒已倒地,用脚尖踢击)、咽喉(攻击方法是运用手指猛戳咽喉下部的凹陷处)、后脑(攻击方法是运用拳横击或劈砍,也可用肘击)、锁骨(攻击方法是运用掌外侧由上往下猛力砍劈)、心窝(攻击方法是运用拳或肘尖猛击)、腹部(攻击方法是运用拳打、膝顶、肘击、脚踢)、裆部(攻击方法是运用膝顶、脚踢或用手捏)、脊椎(攻击方法是运用脚踢、膝顶、肘击)、指关节(攻击方法是将其手指扳直后向后猛折)、腕关节(攻击方法是运用擒拿术中的卷腕、缠腕、切腕等技法)等。

拳、脚、肘、膝是人人都知道的惯常用于攻击对方的部位。中国武术有"头锋"、"肩锋"、"臀锋"的说法,实际上就是指用头、用肩、用臀打人。头部前额用于迎面撞击,如果要领掌握得当,贯注全身之力,威力是很大的,女性完全可以用于自卫防身。

1. 自卫搏击的基本姿势

侧身是自卫与遭遇其他不测时必须注意的。道理很简单,只有侧身,才可能尽量少的暴露易遭攻击的部位。这种侧身是两腿一前一后,屈膝、脚掌着地。两手握拳一前一后(图1)。

2. 拳是人最主要的攻击武器

手是最灵活的,在攻防格斗中,手的威力又最大,而手的攻击形式以拳为主。

（1）直拳

又称冲拳，主要是直线用拳直接攻击对方面部和胸部（图2）。

（2）勾拳

又称抄拳，主要走弧线或直线，由下方用拳面击打对方腹部、下颌等（图3）。

（3）劈拳

由上往下，以拳外背棱或指棱攻击对方面部的拳法（图4）。

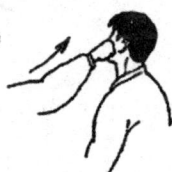

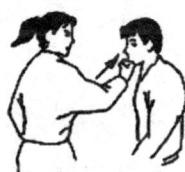

图1　　　　图2　　　　　图3　　　　图4

（4）鞭拳

由左右以拳背攻击对手头部的拳法（图5）。

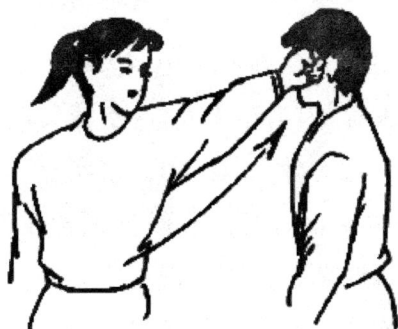

图5

女子防身术的用法

怎样灵活运用手、运用拳需要在实战中变化运用。如手可变成虎爪、撮勾、单指、金剪指、双指、金铲指、倒夹等，可用来戳击对方眼睛、咽喉、腋下等要害部位（图6）。

4. 掌、爪攻击面部、眼睛的技法

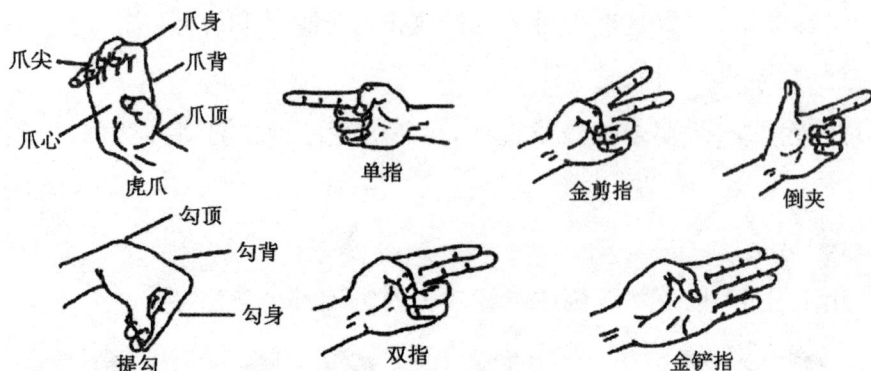

图 6

　　被歹徒按压时,如手未被按压,可张开手掌,以掌根猛击歹徒鼻梁。轻者鼻血长流,重则可致昏厥。这一掌在武术中叫迎面掌(图 A)。迎面掌到位后,张开的五指以指甲贴其面抓下,武术中这一招叫"迎面贴金",又叫"洗脸炮"(图 B)。轻则抓破眼睑,泪流不止,眼睛睁不开,重则伤及眼球。这一招虽不致命,但使用方便,乘歹徒一时丧失施暴能力,自卫者可及时逃脱。

　　以一指或二指叉眼的方法在武术中叫"单放"、"双放"或"二龙戏珠"(图 C)。在被歹徒按压时,因为距离极近,歹徒又不防范,使用单指叉眼、双指叉眼的技法则是非常有效的(图 D)。事实上,只要能叉中歹徒眼睛,并不拘泥于用单指还是双指,用五指亦可,用双手双指亦可。前提是要视使用的熟练程度和当时两手自如情况而定。

　　用大拇指勾托住对手下巴,以食指、中指尖压插进对手眼球上部,掏断其双目,是峨眉派独门绝技,称为"鸿门设宴"(图 E)。使用此招的前提是:暂时封住对方双手,最好利用地形环境等使其身体被控制住,双手不能救,身体不能脱逃,头部被大拇指固定跟随,给也要给,不给也要给。这一招被称为"鸿门设宴",是毒中之毒的招法,但对凶狠的歹徒不必慈悲。

双手采用坐姿时,被抓、被抱,甚至主动攻击,这些招法都可以使用,站姿时,只要高差不大,不致够不到歹徒面门,也可以使用。

图A "迎面贴金"掌击

图B "迎面贴金"爪抓

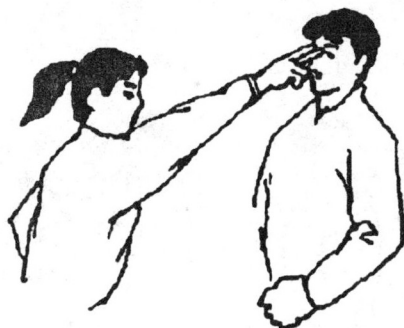

图C 二指戳眼,欲称"二龙戏珠",远距离不易完成

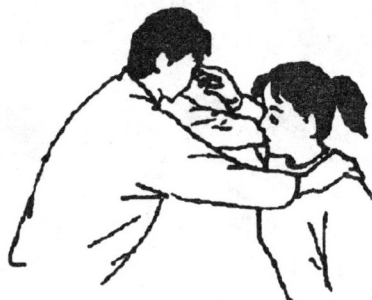

图D 近距离用指戳眼有效

图E

5. 用肘攻击

肘法属于近距离击打的技法。由于肘部的生理构造特点,击打力量较之其他手法(掌、拳等)要重、要狠,比较适合女性用于自卫。

(1)顶肘

肘部平抬,屈臂,肘尖向前,发力时蹬腿、送髋,同时另一手大臂向另一侧也产生一股伸张力。蹬腿、送髋、大臂猛伸张,三股力用好了,顶肘动作就完美了。顶肘是以肘尖攻击,女性自卫时用以顶击对方腋下,效果最好。顶肘发力距离短,又无旋转助力,练习时难度大些(图8)。

(2)挑肘

前臂回收弯屈,肘尖由下向前上挑击。发力时蹬腿、旋转身体要领同直拳、勾拳。挑臂动作同勾拳、挑肘可用于击打对方胸腹部(图9)。

图7   图8   图9

(3)横肘

横肘动作主要是两股力,一是蹬腿,二是旋转身体。大臂向前横移,实际上也是旋身之力的延长。横肘是以肘尖击打对方,适于攻击对方太阳穴、后脑、耳门、颈部以及胸肋等(图10)。

(4)砸肘

手臂上抬,肘尖朝前,砸击时身体迅速下沉,肘由上往下砸击。身体下沉与手臂砸击两股力合而为一。砸肘多用于对方抱腰、腿时砸击其后脑、腰部(图11)。

（5）反手顶肘

手臂略上抬，身体迅速下沉（但幅度没有砸肘大），同时两肘向后顶击，力达肘尖。顶肘主要用于攻击背后之敌肋、腹部（图12）。

（6）反手横肘

手臂平抬，蹬腿，身体旋转发力，同时手臂随旋转方向向后横向猛击，力达肘尖。反手横肘主要用于攻击背后之敌面部、太阳穴等（图13）。

图 10　　　　　　　　图 11　　　　　　　　图 12

6. 用膝法攻击

膝的力量极大，用力量极大的膝攻击男性毫无承受打击能力的要害部位裆部，可说是杀鸡用了牛刀。以膝攻击裆部还有另外两个好处，一是距离短，这就保证了攻击可以很快地在瞬间完成；二是角度小，攻击准备和攻击过程都可以很隐蔽。

用膝攻击距离一定要近，因为用膝与用腿不同，膝比大腿小腿之和肯定短了许多，不到位或勉强到位，对手稍微弯腰一弓身就化解了。

（1）提膝

又称顶膝，要领是膝腿上抬，动作要猛，并以双手拉住对方帮助发力（图13）。提膝是女性用以攻击的利器。提膝时可用手帮助发力。

（2）侧撞膝

侧撞膝分为左侧撞膝和右侧撞膝。左侧撞膝是左膝上抬，由左向右侧撞击。动作要领是，微倒身，扭髋内转，两手可抓住对方帮助发力。右侧撞膝动作与左侧撞膝相反。

图 13

7. 女子防身的适宜腿法

腿法可分为屈伸性腿法和直摆性腿法。直摆性腿法（如摆腿、后扫腿等）难度较大，未经长期特殊练习，不会有任何威力。考虑中学女生各方面的条件，还是用屈伸性腿法自卫比较合适。选用腿法有：

（1）蹬腿

蹬腿时，一腿支撑，一腿膝上抬，同时向前蹬出。蹬腿要领是脚尖要勾，力达脚跟。蹬腿时身体不可前后俯仰，要快速有力，蹬出后迅即收回（图 14）。

图 14

（2）弹腿

一腿支撑，一腿提膝，同时膝关节由屈到伸，向正前方弹踢出腿。脚背绷直，力达脚背。弹踢时要轻快有力（图15）。

弹腿又可分为正弹腿、侧弹腿、低弹腿、中弹腿、高弹腿等。女性自卫一般多用正弹腿攻击裆部。

① ②

图 15

（3）踹腿

踹腿又可分为正踹、侧踹。

正踹时，一腿支撑，一腿提膝稍上抬，上抬之腿脚尖外摆，向前下方猛力踹击，力达脚跟。正踹腿一般用于攻击对手胫骨（小腿骨）（图16）。

侧踹时，先转体，一腿上抬，屈膝，勾脚尖，由屈到伸向前踹击，力达脚跟。低侧踹腿可用于攻击对方胫骨（图17）膝关节；中侧踹腿可用于攻击对方裆部、腹部（图18）。

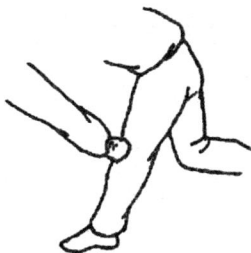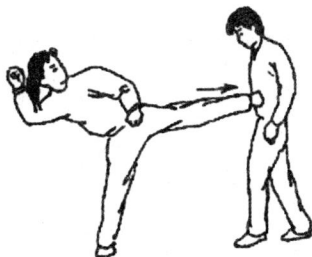

图 16   图 17   图 18

8. 用头部攻击

以额头为武器攻击对手,在武术中被称为头锋。头部虽然有最多的要害薄弱部位,但头部也有坚实的区域,这就是前额。有人做过试验,人的前额能承受一千公斤的压力。徒手对前额的攻击,如无特殊功力,一般都是攻击一方受伤。而以头锋击人,却颇见威力。

头锋攻击,主要用于撞击对手面部和胸部,一般而言,撞击面部效果较好。撞击面部要瞄准鼻梁处三角区,千万不能撞在对方前额上,形成互伤(图19)。

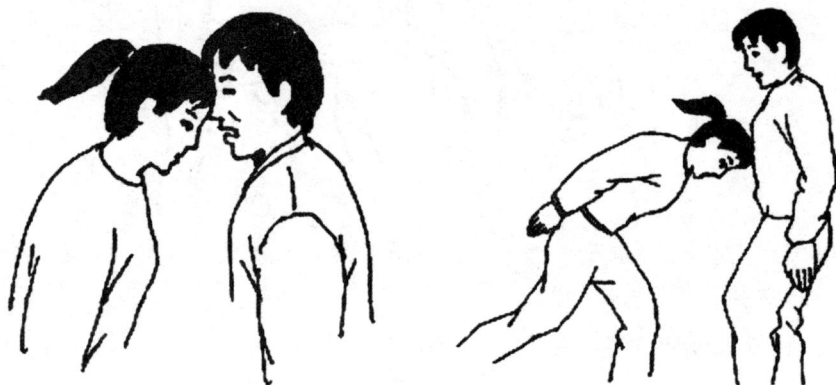

图 19

9. 仰卧被按压时可采用的技法

倒地后成仰卧姿势,被歹徒按压。这时歹徒可能站着,可能跪着,可能坐着,也可能趴着,可能骑在女性身上,也可能卧靠在旁边,仅以上身压着仰卧者;可能抓领,可能抓肩,可能搂脖,也可能掐喉。但是不管处于上述哪种情况,都要尽可能地采取攻其要害、一招制敌的抬腿蹬击裆部方法。这时可能采取的直接攻击的方法有:

(1)如对方是分跨于仰卧者身体站立,而俯身抓、掐、压制仰卧者,仰卧者可抬腿蹬击其裆部。要领是要抬起腰、臀,用出将身体送出去的力量猛蹬(图20)。

图 20

　　(2)如对方手肘抬起,露出腋下,可用掌夹、风眼捶、勾手等猛击其腋窝(图 21)。

　　(3)直接戳击对方眼睛和戳击对方咽喉,有意想不到的效果,因为这时距离很近(图 22)。

　　(4)如果手臂未被压住,对方的手臂又未形成阻隔(多在抱胸腰时),可用肘尖横击其太阳穴。要点是要用上腰腹之力、旋臂之力(图 23)。

后卸造成攻击距离

图 21

先用右肘击

图 22

连续攻击

图 23

也可攻击其眼睛

图 24

折其手指

图 25

（5）如歹徒强行亲吻仰卧者,可抓住机会咬掉其鼻尖或舌尖。但要注意的是,被咬伤后的歹徒可能更丧心病狂。因此要在狠咬之后,趁其负痛一时失智的机会,连续进攻,再对其要害部位实施攻击(图 24)。

（6）以头锋撞其鼻梁,抬头要猛(图 25)。

10. 被抱时怎么对付

（1）正面被抱腰时肘击太阳穴最为便捷

正面被对手抱腰,但手臂未同时被抱住,是以肘部攻击对方太阳穴的最好时机。一旦歹徒双手抱住你的腰,他的头部就全部暴露而失去防护了。这时,你可以佯装拒绝他的亲吻等,使上身后仰,造成攻击距离(图 26)。接着猛然收腹、旋身、挥臂,以肘部猛击其太阳穴(图 27)。以肘攻击歹徒太阳穴最好采用连续攻击法,一气呵成(图 28)。

掌尖击腋窝

图 26

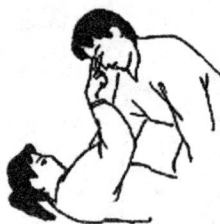

戳击双眼

图 27

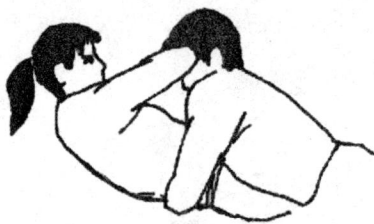

肘击太阳穴

图 28

咬鼻子或舌尖

图 29

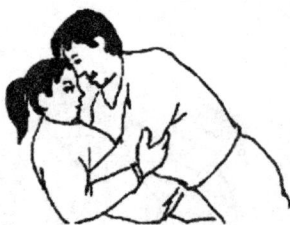

头撞击鼻

图 30

（2）正面被抱腰时攻击其眼睛，折其手指

正面被抱腰时因为手臂未被抱住，所以这时也可以采用叉眼，戳喉等方法（图29）。

如果只求解脱，可采用折手指技法（图30）。

① 后腰被抱。抬手以反手横肘向后猛击对方太阳穴，当然别忘了蹬腿，身体旋转发力，力达肘尖（图31）。反方向折其拇指或小指（图32）。以脚跟猛踩其脚面（图33）。

反手击太阳穴　　　反方向折其手指　　　以脚后跟踩其脚面　　　抓、握、提其生殖器

图31　　　　　　　图32　　　　　　　图33　　　　　　　图34

② 连手臂后腰被抱。被抱者可伸手抓、握、提对方的睾丸（图34）。因对方注意力在上部，很有隐蔽性，成功可能性很大。需要注意的是，反手掏出，务要准确。如果歹徒抱住的是腰际，那么歹徒必然弯腰，头较低，这时可猛仰头以后脑击其面部（图35）。

11. 头发被抓扯时采用的技法

① 当女子被人从正前方抓住头发往前拖扯之时，切勿与抓扯者的抓扯力相抗，以免头皮受伤。抓扯者拖带一般朝上向下前方，女子的头不能抬起，头、眼也朝着这个方向。外行抓扯人一般都是身内拖带，因此裆部要害部位便全部暴露，并正处于被抓扯者面对的方向。这时，应趁被抓扯俯身向前窜而站立不稳之机，借着抓拉之力，借着惯性，将膝头高提，以提膝的打法猛撞歹徒裆部。（图36）尤其要注意的是：很多人抓扯别人头发都有抓住前后推拉的习惯。在他推时，应顺其力后仰或后退，

以免受伤;在他拉时,则借其力冲过去提膝攻击。千万不要和歹徒硬抗是关键。

②当女子侧立被人扯拖头发时,可顺其力侧身弯腰靠近对方,顺势发撩掌击其裆部,然后以手抓握其睾丸(图37)。歹徒有时会揪住女子头发拖着往前走,这时女子是在歹徒的背侧位置,头已过其肘前,身在其肩后。这时,应以手掌自歹徒后裆猛地插入,使用掏裆法,握紧其睾丸后提。一手掏裆时,另一手抓抱其腰胯配合发力。

猛仰头击其面部　借惯性提膝撞裆　顺势发撩掌击裆部　双手叠压抓发之手
图 35　　　　　图 36　　　　　图 37　　　　　图 38

③头发被抓时抱住对方,可用一手掌心向上,四指直插进软肋(肋骨下),扣住肋骨往上扯,对方痛极自然会松手;或双手叠压于对方抓发之手背部,上体前倾弯腰下压(图38)或击打对方肘部曲池穴等,对手也会松手。但这些方法都是解脱之法而非致命之法,似不宜用于对付歹徒。

特别提醒一下:遇到坏人,最先想的应该是想办法尽快脱身,然后打110报警。实在没办法,才去用这套防身术,而且也一定不要恋战,有机会脱身,一定要毫不犹豫地走掉。另外平时随身带些防身喷雾器,电击器等防身器材也是不错的办法。总之,平时多加小心才是最好的防身术。